Bernd
# Nossack

# Numerologie

## Die Welt
## des Zahlenorakels

**Originalausgabe**

WILHELM HEYNE VERLAG
MÜNCHEN

HEYNE RATGEBER
08/9469

3. Auflage
1. Auflage der überarbeiteten und erweiterten Neuausgabe
früher lieferbar unter der Nr. 08/9063

ISBN 3-453-07001-1

# Inhalt

# Zum Gebrauch dieses Buches

Erleben Sie das Abenteuer einer Reise ins Unbekannte: Gehen Sie dem Geheimnis der Zahl nach. Wenn Sie dabei zunächst etwa neugierig sind, was sich hinter den Zahlen Ihres Namens verbirgt, können Sie sofort das entsprechende Kapitel aufschlagen.

Oder Sie möchten den verborgenen Sinn Ihres Geburtsdatums entschlüsseln — dann beginnen Sie im Abschnitt über die essentiellen Zahlen!

Vielleicht möchten Sie auch etwas über Ihre Telefonnummer oder Hausnummer wissen, was einen tieferen rätselhaften Sinn verbirgt, dann schlagen Sie ruhig gleich den entsprechenden Abschnitt auf.

Wollen Sie die Welt der Zahlen von innen her verstehen, dann beginnen Sie auf der ersten Seite, folgen Sie der Überlieferung alter Zahlengeheimnisse durch die Jahrtausende. Steigen Sie immer tiefer in verborgene Rätsel unserer Welt ein, zu denen sich im Wesen der Zahlensymbolik ein faszinierender Schlüssel findet. Und Sie werden feststellen, daß der Weg der Zahl ein Stück Meditation ist und daß er für Sie manchmal sehr oft aufregend sein kann. Und vielleicht nehmen Sie dieses Buch als Anstoß und suchen dann weiter.

# Der Weg der Zahl

Segen und Unsegen zugleich — so will es scheinen, bringen uns die Errungenschaften der modernen Welt. Die Leistungen der Zivilisation, die mit technischem Fortschritt und einem schier unvorstellbaren Zuwachs an wissenschaftlichem Erkenntnisstand verbunden sind, bescherten in diesem Jahrhundert erstmals Massenwohlstand, zumindest in der westlichen Welt. Viele Krankheiten, die bis vor nicht allzu langer Zeit noch als unheilbar galten, verspricht die moderne Medizin in den Griff zu bekommen. Nachrichtensatelliten und Flugverbindungen lassen die Entfernungen auf unserem Globus zusammenschrumpfen. Und auch in den Weltraum ist die Gattung Mensch dank ihrem Erkenntnisfortschritt bereits vorgedrungen.

Doch die Medaille hat auch ihre Kehrseite: Umweltprobleme, seelische Belastungen und eine Flut neuzeitlicher Probleme, die allein durch den menschlichen Verstand nicht lösbar scheinen, überrollen uns täglich. Weit sind wir gekommen und stehen doch ein wenig wie der Zauberlehrling vor dem Werk seiner Taten.

Wo eigentlich alles in einem größeren Zusammenhang steht, den die alten Mystiker ganz intuitiv empfunden haben, blickt der moderne Mensch — sagen wir mal zeitgemäß — nicht mehr »über den Tellerrand«. Sein Unterscheidungsvermögen, die analysierende und Ganzes bis ins Atom und noch tiefer aufspaltende Beobachtungsgabe, teilt ihn auch innerlich: Herz und Verstand gehen oft verschiedene Wege, und daraus entstehen Zwiespalt und Zweifel.

Den Blick dafür, wie alles miteinander in Verbindung steht und zusammen einen Sinn ergibt, konnte der mehr religiös oder magisch denkende Mensch vergangener Epochen oft rein gefühlsmäßig besser gewinnen. Das Göttliche war die Einheit, die ihn mit allem verband.

Das wissenschaftlich-analytische Weltbild, dessen Tradition wesentlich mit Namen wie Descartes oder Newton — der eine ein Philosoph, der andere ein Physiker — verbunden ist, nimmt dagegen auseinander, dividiert und teilt. Moderne Mystik, die die Bibel neu verstehen will, sieht hierin denn auch die äußerste Konsequenz des Sündenfalls. Der Mensch hat, verließ er erst mal seine tierische Existenz, die Ureinheit mit Gott durch seine Unterscheidungsfähigkeit aufgegeben. Er hat das Paradies und den Baum des Lebens (instinktnahe Verbundenheit mit dem ganzen Kosmos) verloren. Er hat Urvertrauen gegen Verstand eingetauscht. Der Mensch lernte zwischen gut und böse zu unterscheiden, zwischen arm und reich, häßlich und schön, viel und wenig. Er gliederte seine Welt in Zahlen.

Das Ganze, die Einheit, wofür die Weisheit der Überlieferung die »Eins« als Symbol setzt, war von nun an aufgespalten, in die Welt der Vielfältigkeit, der mannigfaltigen Erscheinungen, der immer neuen Teile und Teilchen, der Gegensätze und Widersprüche, die besonders unser Zeitalter in so überdeutlicher Schärfe analysiert und wahrnimmt. Und heute verhalten wir uns geradezu so, als wollten wir der Schönheit einer Pflanze dadurch auf den Grund kommen, daß wir sie aus dem Boden rupfen, immer mehr in ihre Einzelheiten zerlegen, ihre Blätter und kleinsten Fasern zählen, statt sie zu betrachten und zu bestaunen. So ist die naturwissenschaftlich-technische Epoche wie keine andere mit dem Wesen der Zahl »zwei« verbunden, die den Alten die Vielheit, das Unterschiedene und Geteilte symbolisierte. Halten wir uns dies vor Augen, befinden wir uns auch schon inmitten der Geheimnisse der Zahlenmystik. Richtig verstanden, ist sie nämlich kein Aberglaube, kein Lesen »im Kaffeesatz« oder vordergründiges Mittel, das Glück zu bezwingen, sondern ein Weg, sowas wie »Spuren von Weisheit« nachzugehen. Das kann in manchem Fall auch dazu führen, zukünftige Ereignistendenzen vorwegzuempfinden und richtige Entscheidungen zu treffen. Doch es wird nicht darum gehen, sich stur an ein Zahlenorakel zu halten, als vielmehr den Blick ein wenig dafür zu öffnen, was die Zahl an Sinnentsprechungen beinhaltet. Sie weist uns dann auf das hin, was psychisch sozusagen in der Luft liegt, und macht auf merkwürdige Weise Sinn. Wir wundern uns dann immer wieder und sagen, da ist etwas dran, verfallen jedoch nicht in blinde Gläubigkeit an zahlenmagischen Hokuspokus.

Denn letztlich ist es so: Auch der Sündenfall menschlicher Unterscheidungsfähigkeit hat natürlich seinen Sinn. Der Mensch ist aufgefordert, sich seines kritischen Verstandes zu bedienen, um als entwickelte Gattung dieser Erde, die Schöpfung bewußt wahrzunehmen und in ihrem Wesen zu erkennen. Und im modernen Leben hat auch der Zweifel seinen berechtigten Platz. Der Höhlenbewohner mochte noch ohne Widerspruch dem Willen der Ahnen, Geister oder sonstwem gehorchen. Wir sind jedoch gewohnt, zu hinterfragen und auszuwählen, was wir für sinnvoll und richtig halten. Insofern empfiehlt sich ein kritischer und oft auch fragender Umgang mit dem Geheimnis der Zahl. Vermittelt sich uns gelegentlich ein kleines Mysterium darin, ist dies somit wertvoller als eine spektakuläre Vorhersage von Ereignissen.

Wer den Weg der Zahl beschreitet, hat vielmehr Chance, sowas wie ein Wissender zu werden. Er erwirbt Bewußtsein davon, wie die Ureinheit mit der Schöpfung oder nennen wir es Universum auf einer höheren Ebene wiederhergestellt wird. Wie sich nämlich die längsten und kompliziertesten Zahlengebilde immer wieder auf die Grundzahlen von eins bis zehn zurückführen lassen, beschreiben diese den Weg des Menschen: Von der göttlichen Einheit in der Eins zu neuer Verbundenheit mit dem ganzen Kosmos in der Zehn — der Weg der Zahl.

Hier wird also ein mystischer Weg gezeigt, bei dem es um Verstehen geht, um das Fühlen der Dinge, die hinter den Erscheinungen unserer Alltagswelt liegen.

Während durch Zahlen sonst gemessen, gewogen und gegliedert wird — man etwa in der Psychologie sogar Einstellungen und Verhalten, emotionale Dinge also, in Statistiken auszudrükken und daher zu zerlegen versucht —, nutzt die Numerologie das Wesen der Zahl anders: Durch Verstehen soll das Gesehene wieder ganz und sein Platz im Zusammenhang erkennbar werden. Die Zahlen addieren sich zur Einheit.

Erkennt man die Dinge nun so, wie ihr Sinn bei diesem Erfühlen und Deuten in einem größeren Zusammenhang steht, wundert man sich vielleicht nicht mehr unbedingt, wenn bestimmte Zahlen — etwa Hausnummern oder Geburtsdaten — eine tiefsinnige Bedeutung haben, uns oft gleichsam etwas sagen wollen.

# Nummernschlüssel auf Schritt und Tritt

Vielleicht erfahren Sie jetzt das erste Mal etwas über die Sprache der Zahl, ihre oft rätselhafte Bedeutung und das alte Wissen darüber, das bereits in der früheren abendländischen Philosophie bekannt war. Doch wenn Sie näher hinsehen, werden Sie bemerken, daß in Umgangssprache, in überliefertem Brauchtum und manchen Gewohnheiten unserer Etikette zahlenmagisches Denken verborgen ist. In dem Sinne verhält sich auch Ihr Nachbar, Ihr Freund oder Kollege oft wie ein Zahlenmystiker, ohne es zu wissen.

Denn mal ganz ehrlich: Hatten Sie im Leben noch nie ein merkwürdiges Gefühl, wenn Ihnen die Zahl »13« begegnet ist? Wenn irgendwann etwas schiefgeht, war es natürlich an einem »Freitag, den 13.«. Und wenn 13 bei Tisch sitzen, kann das auch manchen von uns unbehaglich stimmen. Liegt hierin vielleicht eine unbewußte Erinnerung daran, daß Jesus Christus zwölf Getreue hatte, und der dreizehnte Jünger, mit Namen Judas Ischariot, war es, der ihn an die Schergen verriet?

Dunkles drückt die Zahl »13« vordergründig gesehen auch im Tarot aus, dem alten Kartenorakel, das landläufig mit den Zigeunern in Verbindung gebracht wird. Dort heißt die 13. Karte, »der Tod«. Nach jahrtausendealter Überlieferung drückt die vorhergehende »12« die Ordnung im Universum aus. Sie wird als etwas Geschlossenes und Ganzes verstanden. So kennt die Astrologie zwölf Tierkreiszeichen und zwölf Planeten. Die »13« überschreitet und durchbricht diese Harmonie. Insofern wird sie in unserem Kulturkreis geradezu als böse empfunden. Allerdings nicht von allen. Denn mancher betrachtet sie auch als persönliche Glückszahl. Dies hat nichts mit einer Neigung zum Düsteren zu tun. Vielmehr tun verschiedenen Menschen unterschiedliche Energien gut. Und eine seelische Schwingung — so ließe sich etwa spekulieren —, die durch die »13« symbolisiert wird, kann unter anderem auch mit Führung zu tun haben. Folgt man etwa den Autoren Endres/Schimmel (»Das Mysterium der Zahl«), so brauchen wir nur an die Gerichtsordnung von zwölf Schöffen mit einem Berufsrichter als Vorsitzenden zu denken. Und im mexikanischen Kulturkreis ist die »13« eine ausgesprochene Glückszahl. Denn man kennt dort in der indianischen Mythologie dreizehn Himmel und dreizehn Götter (Endres/Schimmel).

Was auch immer Sie über die »13« bislang gedacht haben mögen, wird sie Ihnen doch sicher zumindest eine Spur geheimnisvoll erschienen sein. Letztlich kommen wir ja auch nicht umhin, vieles rein unterschwellig aufzunehmen, was uns an instinktivem Wissen umgibt. Manches von dem ist im Sprachgebrauch von Generation zu Generation weitergegeben worden, und da es dadurch in unser kulturelles Denken eingegangen ist, beeinflußt es auf subtile Weise die Alltagsrealität. Das Geheimnis der Zahl wird im Zusammensein der Menschen immer wieder seelisch aufgeladen. Im Meer des Unbewußten ist es Bestandteil einer Untergrundströmung, die durch Umgangssprache oder kulturelle Überlieferung ständig an die Oberfläche dringt.

So ist es auch, wenn wir unbefangen sagen, aller guten Dinge sind drei. Denn die Zahl »3« ist Zahl der Kreativität. Sie überwindet das Zweigeteilte, das Entweder-oder der »2«. Haben wir bei einer Angelegenheit nur zwei Wahlmöglichkeiten, befinden wir uns oft in einem Entscheidungskonflikt. »2« ist Zwiespalt und Zweifel, ist Spannung und Gegensatz.

Jeder kennt es doch nur zu gut von sich selbst: Wer nur zwei Möglichkeiten hat, eine Auswahl zu treffen, kann sich oft nicht entscheiden, wird von peinigenden Gedanken gequält, was denn nun besser sei, vermeidet oft festzulegen, was er will oder trauert im nachhinein der jeweils anderen Alternative nach. Die »3«

bedeutet jetzt das Sowohl-als-auch, ist das überraschende Dritte, das vielleicht keins von beidem ist, aber doch beides beinhaltet. Insofern ist es manchmal viel leichter zwischen drei Möglichkeiten zu wählen als zwischen zweien.

Die Dialektik, die alte Wort- und Gesprächskunst der Griechen, galt als hohe Disziplin. Im Dreischritt These — Antithese — Synthese wurde das Wesen der Welt ergründet. In der abendländischen Philosophie findet sich dieses Vorgehen später sowohl bei Hegel als auch bei Marx. Im Dritten hebt sich der Gegensatz zweier Pole auf höherer Ebene auf, er wird überwunden, zu etwas Neuem. Und die Volksweisheit sagt: Wenn zwei sich streiten, freut sich der Dritte. Doch nicht nur im Bild vom »lachenden Dritten« erinnern wir uns an die höhere Vollkommenheit der »3«. Sie begegnet uns wieder in der Dreieinigkeit Gottes im christlichen Glauben.

Auch in der Literatur nutzt man die Dreiheit ganz natürlich. Wer viel mit Sprache umgeht, kennt zum Beispiel das Stilmittel der Aufzählung von drei Begriffen, so etwa bei »Sport — Spiel — Spannung«. Verkürzen wir eine solche Überschrift zu »Sport — Spiel«, würde keine zugkräftige Überschrift, keine harmonische Aufzählung mehr bestehen. Führt man drei Beispiele an, kommt der Sinn hingegen sofort rüber. Man ist im Bilde.

Doch auch in einem ganz allgemeinen Sinne haben wir einen unbewußten Zugang zum Tiefgründigen der Zahl. So gilt es bis heute immer noch als üblich, wenn nicht schicklich, eine ungerade Zahl von Blumen zu verschenken. Und es galten den Pythagoräern, die unter den griechischen Philosophen die Bedeutung von Zahl und Mathematik besonders betonten, alle ungeraden Zahlen als aktiv, männlich und göttlich. Diese Auffassung hat sich in der Numerologie später fortgesetzt. Alle geraden Zahlen waren teilbar und Ausdruck von Gegensätzlichkeit und Zwiespalt. In dem Zusammenhang zitieren Endres/Schimmel Vergil, bei dem es heißt, »Nummero deus impare gaudet«, zu deutsch: »An der ungeraden Zahl erfreut sich der Gott«.

Beobachten Sie doch einmal Ihre Freunde und Verwandten,

oder prüfen Sie sich selbst! Oft neigen besonders durchsetzungsstarke und dynamische Naturen dazu, sich spontan für ungerade Zahlen zu entscheiden, etwa wenn es darum geht, einen Lottozettel auszufüllen oder eine bestimmte Anzahl von Personen zu einer Besprechung einzuladen. Vielleicht werden Sie bei eher sensiblen Naturen hingegen eine Bevorzugung gerader Zahlen feststellen. Gerade Zahlen galten als ursprünglich — da freut sich der Macho —, als »weiblich« und empfangend. Doch sind Begriffe wie »männlich« und »weiblich« für moderne Denkvorstellungen eher mit »impulsgebend« und »impulsempfangend« zu übersetzen. Eine solche Unterscheidung ist insofern wichtig, als sich hinreichend herumgesprochen haben dürfte, daß Frauen in ihrem Wesen äußerst impulsgebend sein können. Doch zurück zum Geheimnis der Zahl: Drückt man die geraden Zahlen einfach einmal durch Punkte auf einer Fläche aus, so erscheinen sie durchlässig:

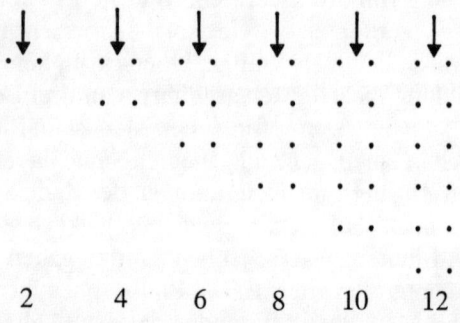

Denkt man sich zu diesen Punktzeichen Pfeile, so können diese die graphischen Zahlendarstellungen jeweils zwischen den Punkten durchlaufen und teilen dabei die geraden Zahlen. Die durchlaufenden Linien sind ein Hinweis auf den durchlässigen Charakter, wie die Zahlenmystik ihn den geraden Zahlen zuschreibt.

Im Gegensatz hierzu die ungeraden Zahlen. Sehen wir uns auch sie einmal näher an. Ihre Flächenstruktur ist undurchlässig.

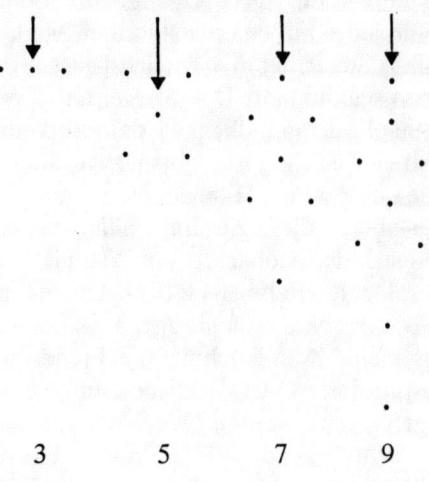

Der angenommene Pfeil trifft bei dieser Graphik auf einen Mittelpunkt, einen Kern. Hierin kommt das Wesen der Undurchlässigkeit zum Ausdruck. Symbolisch gesehen hat das zum einen mit Widerstand, zum anderen mit sowas wie »innere Ladung« oder Impulskraft zu tun. Naiv aufgefaßt — eine Struktur wie feste Muskulatur oder »männliches« Energiepotential.

Solche Beispiele zeigen recht anschaulich, wie »der sieht, der Augen hat, zu sehen«, um ein Wort des Pythagoras zu zitieren. Öffnet man die innere Empfindlichkeit für diese Dinge, werden einem Zahlenschlüssel auf Schritt und Tritt begegnen. Bereiten Sie sich als Leser also auf ein Abenteuer vor. Entdecken Sie die Welt der Zahl. Stellen Sie, von der Lektüre dieses Buches berührt, Ihre eigenen Entdeckungen und Untersuchungen an. Werden Sie ein Suchender, in gewissem Sinne ein Forscher. Dabei kommt es nicht drauf an, endgültige Wahrheiten zu finden, die Welt über den Leisten der Zahl zu brechen. Das hieße sie zu vergewaltigen und wäre insofern schlicht abwegig.

Nur zu viele, die sich mit esoterischem (eingeweihten) Wissen beschäftigen, entwickeln die Neigung zum Sonderling, der glaubt, alles and jedes mit einer bestimmten Methode erklären zu können. Eine Gefahr, der man zunächst gerade dann erliegen kann, wenn man sich für diese Dinge begeistert. Erwirbt man jedoch eine sinnvolle Empfindlichkeit dafür, erkennt man, daß unsere Welt so vielschichtig ist, daß sie zwar Sinnentsprechungen besitzt, die sich etwa mit Hilfe der Numerologie beschreiben lassen, jedoch blitzen diese Zusammenhänge eher sprunghaft auf und lassen sich der beobachtbaren Welt nicht überall überstülpen. Man sollte den Rahmen einer allgemein sehr brauchbaren Disziplin wie der Numerologie also nicht über Gebühr strapazieren. Das kleine Aha-Erlebnis, die Freude über manche meditative Inspiration ist viel wichtiger. Nur so eigentlich kann man den Dingen gerecht werden. Der Kosmos ist unendlich, wie es der auf der Seite liegenden »8« (∞ mathematisches Zeichen für Unendlichkeit) entspricht. Wie die »8« die Unbegrenztheit von Raum und Zeit symbolisiert, stehen wir staunend vor der Weite des Kosmos, der ewig sich wandelnden Welt. Im Universum ist ständig alles in Bewegung, auch das, was wir über seine Gesetzmäßigkeiten und Zusammenhänge kennen. Neue Erkenntnisse widerlegen alte. Und so wollen wir die Numerologie nicht als Bündel unverrückbar feststehender Tatsachen begreifen. Man kann von ihren Untersuchungen auch nicht erwarten, daß sie wie wissenschaftliche Experimente zu immer gleichen Resultaten führen können, daß es also stets so sein müßte, wie der numerologische Schluß es nahelegt.

Unser Vorgehen ist mehr sinnbildlich, was heißen will: Wir entdecken, wie sich der naturwissenschaftlich beobachtbare Kosmos uns gleichnishaft erschließt. Durchdringen wir dies im Laufe dieses Buches innerlich weiter, dann merken wir, daß die Zahl eines der poesievollsten Gleichnisse über die Welt beinhaltet, die es gibt. Insofern kann es unseren Weg begleiten und uns dabei anhalten, den irdischen Weg noch instinktsicherer zu gehen. Die Zahl wird zum Medium, zum Kristallisationspunkt für das Unbewußte, das uns auf Gefahren aufmerksam macht, ein Schlaglicht auf vielleicht glückliche Ereignisse wirft, die eintreten können und für die Lebensumstände empfänglich macht, die uns möglicherweise guttun.

Sie werden diesen kleinen Wegweiser durch die große Welt der Zahl sicher so verstehen, daß er Ihnen viel Freude bereitet und Sie mit Chance in manch stiller Minute mit etwas innerer Gelöstheit erfüllt.

# Zu den Wurzeln der
# Zahlenweisheit

Wie die gesamte abendländische Geistesgeschichte stark von den alten Griechen, von den Römern und vom Judentum geprägt ist, verhält es sich auch mit einem geheimen Wissen um die Zahl, das auf alte philosophische Schulen zurückgeht. Insofern steht die Numerologie in Verbindung zum humanistischen Bildungsideal, das aus denselben Wurzeln seine Kraft schöpft. Die spätrömische Geschichte, die eng mit dem mächtig werdenden Christentum verbunden ist, findet in der numerologischen Tradition ihren Stellvertreter im christlichen Gelehrtentum. Beeinflußt wurden Zahlenphilosophie und zahlenmagisches Denken aber auch vom Islam.

Je mehr man den Atem der Geschichte im numerologischen Verständnis spürt, desto tiefer wird etwas im Unbewußten zum Schwingen kommen, das mit dem Gemeinschaftsschicksal abendländischer Kultur in Berührung steht. Gestatten wir uns also, ein wenig zu träumen. Über zweitausend Jahre wollen wir in die Vergangenheit zurückgehen. Unsere Reise wird uns zunächst mitten in die Ägäis führen. Hier lebte und wirkte der Weise von Samos, uns als Pythagoras bekannt.

## Die Pythagoräer

Pythagoras, der Philosoph, der fast jedem Schüler aus dem Mathematikunterricht bekannt ist, lebte von 570 bis 496 v. Chr. Geboren wurde er auf der Insel Samos. Er wanderte jedoch zwischen 532 bis 531 nach Unteritalien aus, um der Gewaltherrschaft des Tyrannen Polykrates zu entgehen. Seine neue Heimat wurde Kroton, wo er eine Art Geheimbund mit »wissenschaftlichen, sittlichen, religiösen und politischen Zielen ins Leben rief«. Diese Vereinigung vertrat die Ansicht, daß geistige und persönliche Eliten am besten die Geschicke der Gemeinschaft lenken könnten. In dem Zusammenhang sprach man von Aristokraten, denen die natürliche Führung gebühre. Bis heute ist dieses Wort im Sprachgebrauch geblieben, wenngleich man es in erster Linie nicht mehr im philosophischen Sinne gebraucht, sondern auf den Adel anwendet.

Aus dem Bund der Aristokraten wurde bald jene weltanschauliche Richtung, die man die Pythagoräer nennt. Die Schüler des Meisters gaben die mündlich vorgetragenen Lehrmeinungen in freier Rede weiter. Es ging hierbei eigentlich weniger um Wissenschaft im späteren Sinne als um mystisch-priesterliche Weisheit.

Umstritten ist ferner auch, ob der Satz des Pythagoras, wie wir ihn aus dem Schulunterricht kennen, nach dem die Summe der Kathetenquadrate eines rechtwinkeligen Dreiecks gleich dem Hypothenusenquadrat ist, wirklich auf den Weisen von Samos zurückgeht. Wir erinnern uns: $a^2 + b^2 = c^2$.

Wahrscheinlich ist es so, daß Pythagoras der mathematischen Erkenntnis, an der schon frühere Denker gearbeitet haben sollen, zum Durchbruch verhalf. H. Kissener, einem Numerologie-Autor zufolge, läßt sich die spröde Mathematik des Lehrsatzes, über den ganze Schülergenerationen gestöhnt haben, recht philosophisch verstehen.

Er fängt etwas alttestamentarisch an: »Das Quadrat des Guten und das Quadrat des Bösen sind gleich dem Quadrat von Schuld und Sühne!« Oder Kissener dann mit anderen Worten:

»Das Ergebnis aller guten Taten eines Menschen im Quadrat plus das Ergebnis aller gesetzwidrigen Taten im Quadrat ergibt das karmische Quadrat von Ursache und Wirkung.«

Will man dies tiefer verstehen, nützt es natürlich nichts, den Rechenstift anzusetzen. Vielmehr kommt es darauf an zu spü-

ren, wie sich die Bilanz unseres Unbewußten, die mit Erfolger-
lebnissen, Freude und gutem Gewissen, aber auch mit Schuldgefühlen und Frustrationen aufgeladen ist, in einem mathematischen Gleichnis beschreiben läßt. Es lohnt sich, diesem Gedanken, etwa bei stiller ruhiger Musik, einmal nachzugehen.

Beispielhaft hat Kissener hierbei als Numerologe beschrieben, wie man mit einer meditativen Grundeinstellung dem Geheimnis der Zahl näherkommt. Zwar braucht man es nicht so
intensiv zu betreiben wie dieser ausgesprochene »Vollblutesote-
riker«, doch ein Stück weit beleuchtet es eine innere Einstellung,
die sich am besten jeder zu eigen macht, der sich die Gleichnisse
der Zahlen für seine persönliche Entwicklung erschließen will.

Jedes Jahr nahm er zu Ostern seine Studien über ein mystisches Sinnbild von Pythagoras raus und versuchte es, innerlich
geöffnet und verstehend in einer Reihe komplizierter Teilungen
von Dreieckmustern zu ergründen. Waren die Osterfeiertage zu
Ende, legte er die Arbeiten beiseite und wartete bis zum nächsten Jahr, um sich wiederum der Sache zu widmen. Das in Kisse-
ners Buch »Lebenszahlen« wiedergegebene Gleichnis des Pythagoras, das diesen Studien zugrunde lag, sei wegen seiner
sprachlichen Schönheit an dieser Stelle wiedergegeben. Es beinhaltet eine Aufforderung, die manchem Leser vielleicht intuitiv
aufgehen wird, ohne sich umfangreichen numerologischen Untersuchungen zu widmen. Hören wir die Worte und lassen wir
sie — wie echte Mystiker — im Gefühl nachklingen:

»Suche die Form, die der ›heiligen Zahl Eins‹ entspricht und
die durch Teilung — oder das Quadrat der Teilung — deinem
Auge die drei anderen ›heiligen Zahlen‹, die Vier, die Sieben
und die Zehn, sichtbar macht. Hast du sie gefunden, so erkennst
du nicht nur, wer oder was du bist; du erkennst auch, wo du
stehst, wo die Mitte ist und das Ziel deines ganzen Menschen-
weges. Und vieles andere wirst du überdies erkennen. Wer Augen hat, zu sehen, der sehe.«

Nach pythagoräischer Lehre ist der schon von den sogenannten Vorsokratikern aufgesuchte Urgrund aller Dinge übrigens

nicht stofflicher Natur, sondern reine Form. Sozusagen gäbe es für alles, was besteht, eine hinter den Dingen liegende Formel, die sich am besten mathematisch beschreiben ließe und von ihrem Wesen und Charakter her Zahl sei.

Hier finden sich im Grunde Parallelen zur Gedankenwelt Platons, des wohl bekanntesten Philosophen der griechischen Antike. Bei ihm war es das Ding »an sich«, die »Idee« einer Sache. Danach wäre der Stuhl, den wir sehen, nicht der eigentliche Stuhl, sondern nur äußeres Abbild seiner geistigen »Idee«, also seiner »kosmischen Formel«. Und alles, was war oder sein wird, hat seine innere »Idee«, gleichsam die »technische Zeichnung«, die der Schöpfer davon entworfen hat. Denken wir daran, wie unsere Epoche alles in mathematische Beziehungen ausdrückt — steckt hierin im Grunde vielleicht Sehnsucht, zu »eigentlichen Zahlen« hinter diesen Zahlen zu gelangen, zu beseelten Maßverhältnissen als innewohnende Strukturen der Schöpfung.

Kissener verweist in anderem Zusammenhang übrigens auf die Arbeiten des Amerikaners Dr. Brown-Landone, der unter anderem ein umfangreiches kulturgeschichtliches Werk geschrieben hat. Er entdeckte sogenannte Teleois-Zahlen, deren Maßverhältnisse sich in Tonleitern, Entfernungen der Planeten von der Sonne, in Mustern von Schneekristallen, im Aufbau des Skeletts und in der Kunst finden lassen.

Verfolgen wir nun den Bogen zurück: Die Autoren Endres/Schimmel erwähnen in ihrer Arbeit »Das Mysterium der Zahl«, daß im Mittelpunkt der Gedankenwelt des Pythagoras die Idee der Ordnung stand: »… die musikalische Ordnung, die mathematische Ordnung, die Ordnung des Kosmos und schließlich die ethische und soziale Ordnung. Er entdeckte, daß die Intervalle der Tonleiter den Verhältnissen der Längen schwingender Seiten entsprechen und durch Zahlenverhältnisse ausgedrückt werden können.«

Gerade die Beobachtung der Himmelskörper, deren regelmäßige Wiederfolge mathematisch faßbaren Gesetzen gehorcht, ließ die Pythagoräer an eine in Zahlen zu fassende Ordnung kosmischer Sphären, ja der Welt schlechthin denken. Endres/ Schimmel zitieren Röd, einen weiteren Autor: »Die Einheit entsteht aus dem Leeren und der Grenze, aus dem Einen werden Zahlen, aus den Zahlen entsteht (bzw. besteht) der ganze Himmel, das Universum.«

## *Gnosis und Kabbala*

Nach dem Ausflug in die griechische Antike betrachten wir nun die weiteren geistigen Wurzeln der Numerologie, wie wir sie heute kennen. Besonders zwei Richtungen hatten hier maßgeblichen Einfluß: Gnosis und Kabbala. Es handelt sich hierbei im Grunde um mittelalterliche Entwicklungen des Christentums und des jüdischen Glaubens. Während diese großen Religionen in ihren vorherrschenden Konfessionen heute jedoch weitgehend einem schlichten Glauben ohne Mystik und entsprechende Praktiken nachgehen, versuchten diese früheren Richtungen die Welt in ihrem Aufbau, in ihrem Verhalten und in ihrem Wesen mystisch zu erkennen.

Gnosis heißt im Griechischen Erkenntnis. So betrieben die mittelalterlichen Gnostiker eine Religion, die gleichzeitig Philosophie war. Sie bedienten sich bei ihrem Bemühen um Wahrnehmung ewiger Gesetzmäßigkeiten esoterischer (für Eingeweihte bestimmter) Methoden, wozu auch eine Erkenntnis des Kosmos in seinem Zusammenhang von Zahlen gehörte. Es bildeten sich Disziplinen heraus, bei denen man erstmals von zahlenmagischem Vorgehen in einem weiteren Sinne sprechen kann.

Dabei war der Gnostizismus jedoch keine einheitliche Bewegung. Es flossen vielmehr spätantike religiöse Strömungen mit kosmologischen Mythen und dem Gedankengut altchristlicher Sekten zusammen. Jedoch sind Ursprünge eines vom Christentum gänzlich unabhängigen jüdischen oder heidnischen Gnostizismus in der Literatur umstritten. Wahrscheinlich haben sich hier vielfältige Einflüsse berührt und miteinander vermischt. Bereits im Urchristentum sollen sich vereinzelt gnostische Tendenzen finden lassen, wahrscheinlich aber noch ohne Gebrauch der Numerologie. Im 2. Jahrhundert nach Christus erreichte die gnostische Bewegung ihren Höhepunkt, jedoch hat sie auch in späteren Jahrhunderten noch viele mittelalterliche Denker beeinflußt. Es wird darauf hingewiesen, daß sich in ihren Schriften eine Anlehnung an die Sprache der antiken Philosophie, insbesondere an die Platons findet.

Kabbala ist seit dem 13. Jahrhundert der Name der jüdischen Mystik. Jedoch ist sie bereits ein Jahrhundert früher in einem nichtjüdischen Kulturkreis entstanden, und zwar in der westlichen Provence. Sie gelangte von hier im 13. Jahrhundert nach Spanien und nahm dort ihre klassische Entwicklung. Einflüsse kommen wahrscheinlich wiederum aus der Gnosis, aber auch von jüdischen Gelehrten in der Provence.

Es handelt sich insgesamt um eine Sammlung recht unterschiedlicher geistiger Ansätze, die sich auf eine angebliche verschollene jüdische Gnosis beziehen. Das Hauptwerk ist das Buch Zohar (»Lichtglanz«), das vor allem auf den Kabbalisten Moses Ben Schemtob de Leon zurückgeht.

Darin geht es unter anderem um die Unerkennbarkeit Gottes, des En Soph (Unendlichkeit und Urgrund) und die verschiedenen Erscheinungsformen Gottes in zehn Sefirot (Abstufungen der einen Kraft). Das Göttliche wird Welt und teilt sich der Welt durch seine Ausprägungsformen, nämlich die Sefirot mit. Gemeinsam bilden sie den kabbalistischen Baum.

Wenn wir ihn im einzelnen betrachten, steigen wir jetzt bereits tief in zahlenmystische Überlieferungen der frühen jüdischen Mystik ein, denn jede einzelne Sefira wird als Erscheinungsform des Unendlichen, des En Soph mit einer bestimmten Zahl in Verbindung gebracht. Das Grenzenlose und Namenlose, für dessen Erhabenheit sich kein Begriff und Name findet, kann am ehesten durch die Null symbolisiert werden und entspricht so dem buddhistischen Nirwana, dem was vor der Zeit war und weder etwas ist, noch etwas nicht ist, etwas das man nicht ausdrücken kann, ungeschaffen und ohne Form, Ursprung und Ende.

Nach alter hebräischer Vorstellung würde das Höchste entweiht werden, wenn es direkt mit der Welt in Verbindung träte. Deshalb schuf Gott die Welt mittels der Sefira, in denen er zum Ausdruck kommt. Sie bilden also verschiedene Abstufungen des göttlichen Lichtes und sind in der Kabbala mit Zahlen von eins bis zehn versehen. Ursprüngliche Bedeutungen wurden im folgenden mit neueren numerologischen Gedanken verknüpft, so daß der Leser seinerseits an späterer Stelle leicht Gedankenverbindungen herstellen kann:

Eins:  »Kether«, die Krone. Es ist die Ursefira, aus der alle anderen Sefirot entstanden sind, somit Bindeglied zwischen dem En Soph und den nachfolgenden Erscheinungsformen (Emanationen) des Göttlichen. Also: Gott, Schöpfer, ewiges, klares Licht, Ureinheit, auch Einheit alles Lebendigen mit Gott, Symbol der Erleuchtung, in der ein Mensch die Ureinheit wiedererlebt.

Zwei:  »Chochmah«, Weisheit, theoretische Vernunft. Hier teilt sich die Einheit, wird zur »2« und weiter zur Welt der unendlich vielfältigen Erscheinungen. Begrifflichkeit entsteht, die eigentliche Welt der Zahl beginnt. Von hier ab läßt sich alles gliedern, unterteilen, auch gedanklich ordnen, insofern auch: Logos, das Gehirn.

Drei:  »Binah«, praktische Vernunft, Selbstbewußtsein, Einsicht. (Pole, die sich in der »2« konträr gegenüberstehen, werden im Wesen der »3« praktisch vereinigt, wirken aus Einsicht zusammen). Wie das Herz der Mittelpunkt des Körpers ist, findet sich in der Mitte der Dinge alles zusammen, bildet sich eine Vereinigung, die ihre Teile beinhaltet, aber doch etwas Neues ist.

Vier: »Chesed« oder »Gedullah«, erzeugt von Chochmah und Binah. Es ist Gnade, (Nächsten-)Liebe, das Kreuz der Welt tragen, mehr die innere als die äußere Stärke, jedoch Ausdehnung im Geiste (Gedanke auch: Ausdehnung des Geistes in die vier Himmelsrichtungen).

Fünf: »Geburah«, (Gedanken-)Stärke, Kraft, Konzentration.

Sechs: »Tipheret«, Herrlichkeit, Schönheit, Vereinigung von Größe und Stärke.

Sieben: »Nezach«, Sieg, Dauer, Intensität der Naturkräfte.

Acht: »Hod«, Ruhm, Glorie, Widerstandskraft.

Neun: »Jesod«, Grund, Fundament. Alles in der Natur kehrt zum Ausgangspunkt zurück, woraus es entstanden ist (Schwelle von Beginn und Ende eines Zyklus, wie er sich zum Beispiel im jährlichen Lauf der Sonne durch den Tierkreis zeigt).

Zehn: »Malkuth«, Reich, Herrschaft (der Materie). Steht unter den anderen Sefirot wie Kether darüber. Quintessenz aller Naturkräfte. Reich der Elemente. Übergang zur unteren Welt. Organ Gottes auf der unteren Welt.

Die zehn Sefirot bilden zusammen auch den idealen Menschen, den Adam Kadmon, von dem der reale Mensch unserer Alltagswelt in den Augen der Kabbala nur ein Abglanz ist. Ziel des Entwicklungsweges ist es jedoch, dem himmlischen Menschheitsideal nahezukommen. Im Zusammenhang mit gewandelten Auffassungen in der numerologischen Mystik ist der Gesichtspunkt sicherlich interessant, daß die »10«, wie sie ursprünglich der Sefira »Malkuth« entspricht, nun eine neu erlangte Einheit mit dem ganzen Kosmos beinhaltet, neu erworbenes Urvertrauen, »Heimkehr ins Paradies«, Bewußtsein, wie alles mit jedem im Universum zusammenhängt, die Schöpfung als Einheit und großer Organismus. Andererseits entspricht sie gemäß der 10. Tarot-Karte auch dem Lebensrad, als Auf und Ab des Schicksals.

Wir müssen uns an dieser Stelle daran gewöhnen, daß es unterschiedliche Deutungstraditionen gibt, die jeweils auch ein etwas anderes Schlaglicht auf verschiedene Situationen werfen. Das macht die Sache aber nicht schwieriger, sondern nur spannender. Wir sind nicht einem starren Schema unterworfen, sondern nehmen bei der Beurteilung etwa einer Hausnummer oder einer Geburtszahl jeweils die Richtung an, die unserem Gefühl nach am besten paßt. Interpretiert man die Zahlen von eins bis neun nach dem Tarot, sind folgende Deutungen möglich: Die Eins steht für dein magisches Potential, die Zwei ist Intuition, die Drei steht für Kreativität, die Vier ist Ordnung oder Herrschaft, die Fünf wäre der Heiler in dir, die Sechs ist Liebe, Natur, Erotik, die Sieben Durchsetzung, Energie, Antriebskraft, die Acht steht für Selbstüberwindung, innere Stärke und Persönlichkeit, und die Neun ist Zurückgezogenheit und Einkehr.

Und da gibt es noch eine faszinierende Zuordnungsmöglichkeit, wenn man weiß, daß nach der Kabbala die Buchstaben des hebräischen Alphabets bestimmten Zahlen zugeordnet werden. Anders ausgedrückt: Für Zahlen gab es im Hebräischen gar keine eigenen Zeichen, denn die Buchstaben des Alphabets bezeichneten gleichzeitig bestimmte Zahlen. Da jedoch nur für insgesamt 18 Buchstaben des lateinischen Alphabets entsprechende Zeichen in der hebräischen Sprache vorkommen, hat man die fehlenden später ergänzt, wobei man sich zunächst des Griechischen bediente. Durch die Zuordnungen von Zahlen und Buchstaben ist in der Tat eine der wichtigsten Deutungsmöglichkeiten in der gesamten Numerologie gegeben. Wir können Namen, Begriffe, jedwede Worte nach ihrem Ziffernwert entschlüsseln und nach kabbalistischer Überlieferung deuten.

Doch erweitern wir noch einmal die geschichtliche Perspektive und betrachten wir die frühen Wurzeln der Numerologie. Wie eingangs erwähnt, hat auch der Islam seinen Anteil daran gehabt. Hier wurden allerdings in erster Linie Einflüsse aus dem Griechischen aufgegriffen.

Es waren neuplatonische und pythagoräische Gedanken, die etwa die »lauteren Brüder von Basra« beeinflußten, eine Strömung, für die Numerologie die Grundlage aller anderen Wissenschaften bedeutete. Auch hier findet sich wie in der Kabbala eine Auffassung, nach der sich etwa in der Eins das Göttliche in seinem Verhältnis zur Welt ausdrückt. Allerdings ging die Zahlenlehre hier nicht — so Endres/Schimmel — in ein gleichermaßen kompliziertes deutungsmystisches Werk über. Wie bei den Pythagoräern war vielmehr der Gedanke an eine in Zahlen faßbare Ordnung des Kosmos von Gewicht, wie sie sich auch in der Musik, etwa bei der Betrachtung der Tonleiter zeige.

Nimmt man alle früheren Einflüsse, aus denen die heutige Numerologie entstanden ist, zusammen, zeigt sich eindeutig, daß vielfältige Querverbindungen und Berührungspunkte eine Rolle gespielt haben. Die Entstehung beginnt einige Jahrhunderte vor Christi Geburt, hat relativ kurze Zeit danach weitere Höhepunkte und ist eng mit der Kultur des Mittelmeerraumes verbunden. Im Mittelalter werden noch mal entscheidende Grundlagen gelegt, dann in Schriften für Eingeweihte und in mündlichen Vorträgen an die Nachwelt weitergegeben. Und viele Jahrhunderte später sollte ein Mann berufen sein, der Numerologie zu neuem Glanz zu verhelfen. Wir werden von ihm gleich hören.

## Cheiro, der »Klassiker« der Numerologie

Viele Jahre lang hütete jene Persönlichkeit streng das Geheimnis ihrer Identität, die mit ihren Studien auf dem Gebiet der Zahlenmystik zu weltweitem Ruhm gelangte. Unter dem Pseudonym Cheiro trat ein — wie Vertreter seiner Zeit meinten — geradezu begnadeter Okkultist, Seher und Numerologe an die Öffentlichkeit. Erst auf dem Höhepunkt seines Schaffens erlaubte er, seinen eigentlichen Namen bekannt zu geben. Es war der Count (Graf) Louis Hamon, der einem alten normannischen Adelsgeschlecht entstammte. Er lebte zu einer Zeit, als er noch den Todestag der britischen Königin Victoria voraussagen konnte, ebenso den Todesmonat des britischen Königs Edward VII. Und auch das Ende des Zarenthrones wurde von ihm geweissagt. Er wurde von vielen gekrönten Häuptern Europas um Rat gebeten, ebenso von Staatspräsidenten und Industriellen. Dabei kam ihm zugute, daß er über ein breites Spektrum okkulten Wissens verfügte. Die Numerologie war für ihn offenbar ein Schlüssel unter anderen, Zugang zu seinem Unbewußten zu finden.

Seine Kenntnisse erwarb er sich auf ausgedehnten Studienreisen. Schon in jungen Jahren zog es ihn in den nahen und fernen Osten, um hier die überlieferten Weisheiten von Jahrtausenden zu studieren. In späteren Jahren veranstaltete er Vortragsreisen in verschiedenste Länder, wo er oft in überfüllten Hallen gesprochen haben soll. Es wird berichtet, der Ruhm sei ihm jedoch nicht zu Kopf gestiegen. Vielmehr habe er auch ganz einfachen Menschen seinen Rat zuteil werden lassen, wenn sie in Nöten waren.

Eine wesentliche Rolle in der Numerologie Cheiros spielt die Zuordnung von Zahlen zu Planeten und Sternzeichen. Insofern liegt hier eine Verbindung von Zahlenmystik und Astrologie vor. Um diesen Hintergrund besser zu verstehen, werden wir nun eine innere Raumfahrt durch den Zodiak, unseren Tierkreis, unternehmen müssen.

Das eigentliche Sonnenjahr beginnt, wenn die Sonne bei ihrem scheinbaren Durchlauf durch die Tierkreiszeichen in 0 Grad Widder den sogenannten Frühlingspunkt erreicht. Das ist der Zeitpunkt der Tag- und Nachtgleiche zu Beginn des Jahres, etwa zwischen dem 21. und 23. März. In 365,25 Tagen durchschreitet die Sonne die gesamte Bahn des Tierkreises von zwölf Sternzeichen von je 30 Grad, so daß der Zodiak mit insgesamt 360 Grad geschlossen wird. Beginn und Ende dieser Wanderung ist der Übergang von den Fischen zum Widder.

Aus den jahreszeitlichen Einflüssen, die besonders in landwirtschaftlich geprägten Kulturen eine Rolle gespielt haben, sind im Laufe von Jahrtausenden die Charakterbilder entstanden, die wir heute mit den Sternzeichen in Verbindung bringen. Wesentlichen Einfluß auf das Zeichenschicksal haben dabei die sogenannten Geburtsherrscher des jeweiligen Zeichens. Das sind die Planeten unseres Sonnensystems, die den Tierkreiszeichen zugeordnet werden.

# Zahlen und Tierkreis

Der Widder symbolisiert Beginn, Aufbruch. Junge Triebe müssen sich zu dieser Zeit ihren Weg durch das oft noch von Nachtfrösten gehärtete Erdreich bahnen. Mit entsprechendem Elan, heißt es, sei der Widdergeborene oftmals ausgestattet. Das Schicksal wird vom kämpferischen Mars, Kriegsgott der Antike, beherrscht. Während Mut und Antriebsimpuls im ersten Ansturm stark ausgeprägt sind, fehlt oft jedoch Durchhaltekraft. Denn das Widderhafte ist auch mit dem Begriff »Jugend« verbunden. Beherrschende Karma-Zahl ist die »9«.

Blättern wir einige Seiten zurück, zum kabbalistischen Baum, finden wir unter der Entsprechung zur »9« »Jesod«, Grund, Fundament, Umgang mit Energie. Man könnte das auch mit Beginn übersetzen, wie es dem Zeichen Widder im Tierkreis entspricht. Die »9« als Schwellenzahl, die den Abschluß eines alten Zyklus (Jahres) und gleichzeitig das Fundament, den Beginn eines neuen darstellt. Sie schließt die Reihenfolge der Grundzahlen von eins bis neun ab und leitet zur nächsten Zahlenfolge von zehn bis neunzehn über.

Das Zeichen Stier bedeutet Beruhigung. Nach einem dranghaften Start kann sich in der Natur jetzt alles in beschaulichen Bahnen vollziehen. Der Frühling gewinnt unter dem Stier mehr Flair, wie es auch der Zuordnung zur Geburtsherrscherin Venus entspricht. Damit verbundene Karma-Zahl ist die »6«, nach Endres/Schimmel übrigens die vollkommenste Zahl im antiken und neuplatonischen Weltsystem, ist sie doch sowohl die Summe als auch das Produkt ihrer Teile. Sie entsteht durch Addition von $1 + 2 + 3$ und durch Multiplikation von $1 \times 2 \times 3$. Stellen wir den Vergleich mit dem kabbalistischen Baum an, finden wir in der »6« die Entsprechung zu »Tipheret«, Herrlichkeit, Schönheit, Vereinigung von Größe und Stärke.

Die Zwillinge stellen im Tierkreis einen Zustand der Anregung dar. Im dritten Frühlingsmonat steht die Natur schon recht voll in Saft und Kraft. Ein unbeschwertes, von flirrender Sonne beschienenes Wesen sei den zu dieser Jahreszeit geborenen oftmals beschieden, will die Astrologie wissen. Der Grad, in dem die geistigen Kräfte angeregt sind, hat jedoch auch mit den berühmten zwei Seelen in der Brust unter diesem Zeichen zu tun, ein innerer Zwiespalt oder eine Doppelnatur, wie sie schon den Alten bewußt gewesen sein muß, die das geistige Bild eines Zwillingspaares an den Himmel projizierten.

Das Karma unter dem dritten Frühlingszeichen wird von der Bedeutungszahl »5« beherrscht, die mit starken geistigen Kräften zu tun hat, wie sie auch im Geburtsherrscher Merkur zum Ausdruck kommen. Merkur, antiker Gott der Händler und Kaufleute, gilt als das Prinzip des Nützlichen, der Sprachgewandtheit und ausgeprägter Verstandesenergie. Blicken wir auf die kabbalistische Überlieferung, so ergibt sich keine eindeutige Zuordnung in unserem Sinne. »Geburah«, die fünfte Sefira wird hier zum Teil mit marsischen Qualitäten wie Härte, Ernst oder Strafe in Verbindung gebracht. Wir wollen jedoch Cheiros Auffassung folgen und die »5« dem merkurischen Prinzip zuordnen.

Mit dem Zeichen Krebs beginnt der erste Sommermonat. Die Energie dieser Jahreszeit ist jedoch noch nicht so konstant, sondern zeigt sich recht launisch — so wie der Mond uns in seinen zu- und abnehmenden Phasen begegnet, Geburtsherrscher des vierten Tierkreiszeichens. Cheiro ordnet dem Krebs sowohl die Mondzahl »2« als auch die Neptunzahl »7« zu. Zur erstgenannten Zahl findet sich im kabbalistischen Baum wiederum keine eindeutige Entsprechung, die man mit dem vorliegenden astrologischen Bedeutungssinn ohne weiteres vergleichen könnte. Bei der zweitgenannten, der »7«, ist dies — wenn man schon nach einer gedanklichen Verbindung sucht — allenfalls auf eine etwas ungewöhnliche und vielleicht konstruierte Weise möglich.

Denn zunächst mal hat das Zeichen Krebs in der Astrologie das Image des empfindlichen Sensibelchens.

Der Gedanke an den in der siebten Sefira »Nezach« enthaltenen Aspekt vom »Sieg« der Sinnlichkeit und der Vitalität will da zunächst abwegig erscheinen. Andererseits wird in der Symbollehre die Schale des Krebses u. a. als Höhle begriffen und daher mit dem Unterleib der Frau in Verbindung gebracht. Das Zeichen Krebs bedeutet in dieser Hinsicht Geburt, der Triumph des Lebens, eben Sieg auf einer besonderen Betrachtungsebene. Das, was nun in etwas Neuem, dem Kind, zum Durchbruch kommt.

Der Löwe ist das Zeichen des zweiten, mittleren Sommermonats. Er symbolisiert daher den Mittelpunktsgedanken, was auch darin zum Ausdruck kommt, daß die Sonne — seine Geburtsherrscherin — Zentralgestirn unseres Planetensystems ist. Die Natur steht zu dieser Zeit in der Blüte ihrer Kraft. Die personale Entfaltung des Einzelwesens erlebt im Ich seine Stärke. Richtig verstanden, wird es seine Energie jedoch der Gesamtheit aller Dinge, Kosmos, Universum, Schöpfung oder auch einfach der Gemeinschaft verpflichtet wissen, was immer wir sagen wollen. Dieser Einheitsgedanke ist in der Karma-Zahl »1« enthalten. Eins, das Eine, die Einheit, ungeteilt, Zentrum und alles — in sich selbst stark.

Der Vergleich mit dem kabbalistischen Baum verweist auf »Kether«, die Krone, jene Ursepia, aus der alle anderen entstanden sind, das reine, klare Licht der Erleuchtung (insofern: sonnenhaft).

Cheiro ordnet dem Zeichen Löwe auch die Uranuszahl »4« zu, was nicht der modernen Astrologie entspricht, uns hier auch wenig interessieren soll. Vielleicht mag er daran gedacht haben, daß die »Vier« in der Mystik auch für die vier Himmelsrichtungen und die Ausdehnung des Geistes steht — Persönlichkeitsmomente, die mit Verwirklichung unter irdischen, sprich räumlichen Bedingungen zu tun haben. Und der Löwenatur wird ein Naturell zugeschrieben, daß sich sehr gerne in alle Richtungen ausdehnt, zumindest seine Autorität oder Verantwortlichkeit.

Die Jungfrau bildet das Sternzeichen des dritten Sommermonats. Jugend, wie Tugend, Reinheit des Geistes und ein klarer Verstand werden mit ihr in Verbindung gebracht. Damit geht eine starke Disziplin einher, die sich auch jahreszeitlich erklären läßt. Wie im Spätsommer auch der letzte Halm noch in die Scheuer zu holen ist, der auf dem Feld steht, hat sich unter dem kulturellen Einfluß der Geburtsstunde ein sehr penibler und gewissenhafter Menschenschlag herausgebildet. Merkur als Geburtsherrscher — von den Griechen her als Hermes, der Götterbote bekannt — läßt sachlich denken. Und so ist die Zahl »5« für die Jungfrau noch ausgeprägter das karmische Symbol als für andere Merkurzeichen, die Zwillinge. Während die geistige Betonung unter dem Zwilling eher beschwingt ist und frühlingshafte Wesenszüge erkennen läßt, trägt die »5« im Sinne der Jungfrau Merkmale von strengerer Bedeutung. Die Schatten des kommenden Herbstes machen sich bemerkbar. Die »5« steht hier im Zusammenhang mit fünf Tugenden und moralischen Werten: Pflichtbewußtsein, Fleiß, Genauigkeit, Ordnungsliebe und Klarheit.

Die Waage ist das erste Herbstzeichen im Tierkreis. Die bewußten Lebenskräfte der warmen Jahreszeit, die kollektiv mit Ich-Entfaltung, Fülle und Reichtum an Gaben der Natur zu tun haben, halten sich in diesem Geburtsmonat mit den heraufziehenden Schatten unbewußter Lebenshaltung, wie sie der kälteren Jahreshälfte entsprechen, noch die Waage. Die letzten Strahlen der Herbstsonne erreichen die Erde und lassen die Fülle der Natur vor dem bald beginnenden Winter noch einmal leuchten. Entsprechend ist der zu dieser Zeit geborene Menschentyp besonders der Schönheit und Harmonie verbunden. Die Venus beherrscht wie unter Stier sein Leben. Und so wird auch die Waage der Zahl »6« zugeordnet. Nur einleuchtend, hier an die sechste Sefira, mit Namen »Tipheret« zu denken, die Herrlichkeit und Schönheit bedeutet.

Das Zeichen Skorpion dringt im mittleren Herbstmonat ins Bewußtsein der Menschen. Da im unfreundlichen Klima des heraufziehenden Winters in der Gemeinschaft, im Kollektiv ein besseres Überleben gewährleistet ist als im Daseinskampf des einzelnen, fordert das Zeichen zur Einstellung auf diese Zeitqualität heraus. Es geht um Ego-Überwindung und Hinwendung zum Du. Doch noch führen die Ich-Kräfte im Unbewußten einen verzweifelten Kampf. Es scheint, als wolle der Mensch die länger werdenden Schatten verleugnen, die sich vom Bewußtsein aber kaum noch verdrängen lassen. So ist die Skorpion-Natur von heilsamem Chaos, von innerem Ringen und von Zweifel an sich und der Welt erfüllt. Ein unterschwelliges Mißtrauen gegen alles und jedes verbindet sich mit dem Wesen des Geburtsherrschers Mars. Aus dieser Haltung entspringt eine Natur, die dem heilsamen Gift der Medizin entspricht.

So hat der Äskulap-Stab der Ärzte insofern eine symbolische Beziehung zum Zeichen Skorpion als man in der Schlange, die sich um den Stab windet, die gleiche heilkräftige, wenn auch giftige Bedeutung sieht wie in dem kleinen Wüstentier, das seinen Stachel nach oben reckt. Gleichzeitig wird dem achten Tierkreiszeichen eine sexualmagische Ausstrahlung zugesprochen.

Cheiro ordnet dem Skorpion die Mars-Zahl »9« zu. Sie dürfte hier nicht wie unter Widder die Bedeutung von Start oder Beginn haben, als vielmehr auf den Anfang eines kommenden Jahres hinweisen. Das alte Ich stirbt ab, um im nächsten Durchlauf durch den Tierkreis gleichsam neu geboren zu werden. Denkt man an den kabbalistischen Baum, so tritt der Schwellencharakter der »9« besonders hervor.

»Jesod«, das Fundament, die verborgenen Energien des Werdenden sind im Erlöschen des Alten bereits angelegt. Der Beginn, das Widderhafte des neuen Zyklus wird dadurch vorbereitet, daß der alte Adam sich aufgibt, um neu zu werden. Das Kämpferische der nach Cheiro dem Mars zugeordneten »9« weist unter Skorpion mehr noch auf den inneren Kampf hin als auf den äußeren. Trotzdem besitzt die »9« auch hier sehr durchsetzungsstarke Qualitäten, wie sie die starke Energie des Skorpion ausdrückt.

Der Schütze ist Zeichen des letzten Herbstmonats. Mehr und mehr legt die instinktive Überlebensweisheit aller Kreatur nahe, sich enger zusammenzuschließen, um in der Gemeinschaft einander Wärme und Geborgenheit zu geben. Entsprechend ist das Leben des Schützegeborenen auf große Menschheitsideale wie Einigkeit oder Brüderlichkeit ausgerichtet. Er ist weltanschaulich interessiert und beschäftigt sich eventuell mit philosophischen Schriften. Seine offene und freundliche Art anderen gegenüber, ebenso wie seine hochgesteckten Ziele entsprechen Jupiter, dem Geburtsherrscher des Zeichens. Denn der antike Göttervater, von den Griechen her auch als Zeus bekannt, hatte ein joviales Verhältnis zu den Menschen und symbolisierte das Höchste, das es zu erreichen gilt.

Die ihm entsprechende Karma-Zahl ist die »3«, die — wie wir uns erinnern — Gegensätze einschließt und auf höherer Ebene zu etwas Neuem führt. Sie gilt als aktive, spontane Zahl, die für Überraschung sorgt, so wie es dem genialen Sinn des Jupiterhaften gemäß ist. In der klassischen Kabbala heißt die dritte Sefira »Binah«, praktische Vernunft, Selbstbewußtsein, Einsicht (die zum sinnvollen Zusammenwirken entgegengesetzter Pole führen soll und sie großzügig umschließt). Während in der antiken Sagenwelt Jupiter das männliche Prinzip verkörpert, ist das Symbol für »Binah« eine reife Frau. Es gibt eine Vorstellung von Begriffen wie etwa »Mutter des Universums«. Was die alten Griechen und Römer männlich deuteten, ist im kabbalistischen Verständnis weiblich — ein Hinweis darauf, daß unsere Welt aus beiden Polen besteht und sich in der »3« zu etwas Höherem und Neuem vereinigt.

Der Steinbock ist das erste Winterzeichen. Endgültig ist der Überlebenskampf vom Zusammenschluß der Lebewesen gekennzeichnet. Das Rudel oder bei den Menschen die Gruppe — später ist es der Staat — stehen im Vordergrund. Und so unnachgiebig, wie sich der Staat dem einzelnen gegenüber oft durchsetzt, herrschen unter Steinbock Norm, Pflicht und Lustverzicht vor. Die Härte dieser Lebenseinstellung entspricht dem gefrorenen Winterboden und wird Saturn, dem Geburtsherrscher des Zeichens, gerecht. Nach Cheiro steht das Saturnische in Verbindung zur »8«. In moderner Interpretation läßt dies an das mathematische Zeichen für Unendlichkeit, die auf der Seite liegende »8« denken ($\infty$).

Somit geht freiwilliger oder abverlangter Verzicht auf Eigeninteresse in die Ansprüche des Unendlichen über (sagen wir: was das Universum von dir will). Die Gemeinschaft und das Kollektiv zählt, nicht das Individuum. Zurückhaltung und eine gewisse Schlichtheit können vorherrschen. Dennoch wird steinbockhafte Genügsamkeit oft auch irdisch belohnt. Denn wie das Symboltier des Zeichens unermüdlich in die Bergwelt hinaufklettert, soll ein echter Steinbock es angeblich meist zu Haus, Hof und Ansehen bringen.

In der kabbalistischen Überlieferung heißt die achte Sefira »Hod«, Ruhm, Glorie. Es ist die Ordnung, welche die Natur bei der Arbeit zeigt und Sinnbild der Gerechtigkeit. Sie wird oft auch mit Widerstandskraft übersetzt, insofern ein guter Hinweis auf die zähe und körperlich wie geistig widerstandsfähige Steinbocknatur.

Das Zeichen des Wassermann ist ein jahreszeitliches Signal für das Lösen der winterlichen Starre. Auf dem Höhepunkt der Entwicklung kommt Bewegung in die festgefrorene Geisteswelt des Winters. Während der Steinbock Sinnbild für den Staat in seiner unnachgiebigsten Form ist, verhält sich der Wassermann — sofern er sich etwa für Politik interessiert — als Reformer, Ideenspender, Veränderer.

Cheiro wies dem Zeichen nach alter astrologischer Auffassung noch die Zahl »8« zu. Hier tritt der andere Saturn in Erscheinung, der mit Narrenkappen, wie es der Zeit des Karneval entspricht, die in die Zeit des Wassermanns fällt.

Die Fische bilden den Abschluß des Sonnenjahres. Das Kommende, der neue Frühling, regt sich momentan im Embrionalzustand. Noch befindet sich der Same überwiegend im Schoß der Erde, doch die Kraft zieht sich für die neue Entwicklung bereits zusammen. Wie die Fülle jupiterhafter Entfaltung des Werdenden in diesem Schlafzustand bereits vorempfunden wird, ist der antike »Göttervater« im astrologischen Verständnis Cheiros Geburtsherrscher im Zeichen Fische. Es geht um Jupiter in seiner freundlichsten und jovialsten Ausprägung. So ist das Wesen des Zeichens von sanfter Natur wie die Freude auf den kommenden Frühling — gleich dem ruhenden Kind im Mutterleib: zart und sensibel, aber dennoch auch stark. Es trägt den Keim des Lebens in sich. Dem entspricht die Jupiterzahl »3«, hier als Freude auf das Neue, das Spontane, die Erlösung im neuen Jahr verstanden. Ein Ganzes hat sich geschlossen.

Die kabbalistische Bedeutung der »3« im Sinne von »Binah«, praktische Vernunft, Selbstbewußtsein, Einsicht, ist bei fischehafter Färbung mehr geöffnet und empfangend zu verstehen. Es geht um Selbstbewußtsein, das auf Fantasie und Gefühlsreichtum gründet. Daraus ergibt sich viel intuitive Einsicht, während das Praktische, auf harte Tatsachen bezogene der Vernunft zurücktritt. Die »3« im Sinne der Fische ist jupiterhaft großzügig, gleichzeitig ein wenig nach innen gerichtet. Liebenswürdigkeit tritt in den Vordergrund.

Es ist an dieser Stelle in einer intuitiven Prozedur der Versuch gemacht worden, die alte Kabbala, den Baum mit seinen Sefirot, in einer neuen Sichtweise mit den numerologischen Auffassungen des genialen Autors Cheiro zu verbinden. Wie an der einen oder anderen Stelle bereits angedeutet, treten dabei etwas andere Planetenzuweisungen zutage, als sie sich in mancher kabbalistischen Literatur sonst finden mögen. Wer später versucht, seine eigene Kabbala zu entdecken, der wird vielleicht Zuordnungen auch abwandeln, je nachdem, wie es situationsgemäß vielleicht gerade einleuchtend ist. Zu Beginn halte man sich aber doch besser ganz einfach an die vorgeschlagenen Entsprechungsmuster. Kreative Spielräume bestehen auch dabei.

Die karmische Färbung einer Zahl läßt sich im Grunde in allen Bereichen antreffen. Wenn es darauf ankommt, ist z. B. das Datum, an dem ich ein bestimmtes Buch kaufe, widderhaft (etwa: der 9.) und kann einen wesentlichen Einschnitt in meine weitere Entwicklung bedeuten. Oder man erlebt zu dritt einen netten Abend, an dem sich vielleicht manch jupiterhafte Großzügigkeit untereinander ausdrückt. Solch ein Einfluß wird eventuell dann noch verstärkt, wenn einer der Beteiligten die Karma-Zahl »3« in seinem Geburtsdatum aufweist oder vom Geburtshoroskop her etwa Schütze oder Fisch ist.

Möglicherweise hat jemand in letzter Zeit viele Anrufe, die sich im Bereich von Flirt und Zuneigung bewegen, und es stellt sich heraus, daß die Quersumme seiner Telefonnummer eine »6« ist. Er besitzt etwa den Anschluß 899 39 67 entsprechend also dem numerologischen Wert $8 + 9 + 9 + 3 + 9 + 6 + 7 = 51 = 5 + 1 = 6$.

Denken wir an die Bedeutung der Zahl »6«, so verweist das Venushafte auf Liebe, Erotik, Schönheit, Herrlichkeit. Und viele angenehme und eindrucksvolle Erlebnisse hat unser Anschlußteilnehmer vielleicht, für die seine Telefonnummer gleichsam als Symbol steht.

Ein anderer hat nur einmal im Leben geheiratet. Und in seinem Falle bedeutet dieser Hinweis auf die »1« die Einheit von Gefühl und Handeln, die sich in seinem Leben ausdrückt. Seine Ehe besitzt eventuell sonnenhafte Stärke und Kraft, die mit der Löwesymbolik zusammenhängt. Gemeinsam sind Mann und Frau hier mehr als die Summe ihrer Teile. Es ist die Einheit, die sich durchsetzungsstark im Dasein behauptet.

Der Beispiele können beliebig viele gefunden werden. Und oft scheint auch Negatives auf. Dann steht die Aussage einer Telefonnummer mit der Quersumme »6« etwa für eine Zeit, in der sich der betreffende Mensch ganz und gar rauschhaftem Erleben, Vergnügungen und Genüssen hingibt. Oder er nutzt seine erotische Ausstrahlung, um Partner negativ in seinen Bann zu schlagen, sie etwa hörig zu machen.

Als anderes Beispiel die »9«: Es kann sein, daß jemand in einer Runde von neun Personen sitzt, unter denen eine heftige Auseinandersetzung aufkommt. Die Situation mag jetzt von marshafter Strenge und Aggressivität geprägt sein. Es kommt dann darauf an, den verborgenen Sinn des Zusammenhangs aufzuspüren, wie er in den Schicksalsthemen von Widder oder Skorpion zum Ausdruck kommt. Das bedeutet entweder, eine offene Aussprache herbeizuführen, bei der kein Blatt vor den Mund genommen wird, aber dennoch gewisse Regeln des Streits gelten, oder es muß sich aus heilsamem Chaos und Wirrwarr letztlich eine Klärung ergeben, die alle doch auch ein Stück zusammengeführt hat.

In Kenntnis dessen, was die Stunde schlägt, wird man vielleicht behutsam darauf hinwirken können. Nie aber sollte man die numerologische Betrachtungsweise überstrapazieren und etwa peinlichst vermeiden, überhaupt mit neun Personen an einem Tisch zu sitzen. In der Zahl kann sich höchstens das konkrete Thema ausdrücken, das in der Luft liegt, dem man sich stellen sollte und das es psychologisch zu bearbeiten gilt.

# Essentielle Zahlen

Nach Cheiro bildet die Zuordnung von Zahlen und Planeten die Möglichkeit, ein wenig vom Charakterbild, Wesen und Erscheinungsbild eines Menschen zu erkennen. Danach ist die numerologisch wichtigste Zahl überhaupt die seines Geburtstages.

So gibt der Sinn der Zahl »1« Auskunft über jeden am 1., 10., 19. oder 28. eines Monats Geborenen. Sofort einleuchtend ist dies, wenn man den Fall desjenigen nimmt, der am 1. eines Kalendermonats das Licht der Welt erblickte. In den nachfolgenden Fällen muß man daran denken, daß in der Numerologie jede Zahl auf ihre Quersumme zurückgeführt wird. Für den, der am 10. geboren ist, ergibt sich somit der Wert $1 + 0 = 1$, für den, der am 19. eines Monats geboren wurde, errechnen wir $1 + 9 = 10 = 1 + 0 = 1$. Auf das gleiche Ergebnis kommt man beim 28., nämlich $2 + 8 = 10 = 1 + 0 = 1$. Wir können diese Vorgehensweise nun fortführen.

Das Wesen der Zahl »2« hängt mit jedem am 2., 11., 20. oder 29. eines Monats Geborenen zusammen. Es erübrigt sich, die Geburtstage mit zusammengesetzten Zahlen im folgenden Text jeweils auf ihre Quersummen zurückzuführen, da es ein einfaches Rechenexempel ist, das innerlich jeder leicht nachvollziehen kann. So liegt es auf der Hand: Die Zahl »3« trägt jeder am 3., 12., 21. oder 30. eines Monats Geborene.

— Von der »4« ist man geprägt, wenn man am 4., 13., 22. oder 31. eines Monats geboren wurde.
— Entsprechend hängt das Wesen der »5« mit einem zusammen, wenn man am 5., 14. oder 23. eines Monats das Licht der Welt erblickte.

— Wesen und Sinn der Zahl »6« hat mit denjenigen zu tun, die am 6., 15. oder 24. eines Monats geboren wurden.

— Das Karma der »7« spielt überall dann eine Rolle, wenn jemand am 7., 16. oder 25. zur Welt kam.

— Die Unendlichkeitszahl »8« prägt all diejenigen, die am 8., 17. oder 26. geboren wurden.

— Und die Zahl »9« trägt jeder am 9., 18. oder 27. eines Monats Geborene.

Da die Zahlen »1« und »4« von Cheiro dem Löwen zugeordnet wurden und die Zahlen »2« und »7« dem Krebs entsprechen, sollen zwischen Menschen, die zu den Zahlen »1« und »4« gehören, starke Anziehungskräfte wirksam sein, ebenso zwischen jenen, die die Zahlen »2« und »7« haben. Beobachten Sie als Leser doch einmal, ob Sie Entsprechendes in Ihrer Umgebung wahrnehmen können. Vielleicht erklärt sich Ihnen manch eine Sympathie, die Sie vorher nie so ganz verstehen konnten. Wohlgemerkt: Es kann so sein, muß aber nicht. Doch oft genug findet sich der dargestellte Zusammenhang bestätigt.

In dem Monat, der im Tierkreis der *Geburtszahl* entspricht, empfiehlt es sich, wichtige Vorhaben verstärkt anzugehen. Es ist meist eine günstige Zeit, die es zu nutzen gilt. Besonders Angelegenheiten, die im Leben einen Einschnitt darstellen können, sollte man dann vorbereiten, planen oder durchmeditieren. Das erstreckt sich auf Zukünftiges wie Hochzeiten, Firmengründungen, Berufs- oder Ortswechsel. Vielleicht wird man den Monat des entsprechenden Tierkreiszeichens sogar für das Datum der Sache selbst wählen.

Für wen die »1« Bedeutung hat, sollte die Zeit des Löwen, vom 21. Juli bis 20. August besonders aufnehmen. Wer im Karma der »2« geboren ist, widme der Zeit des Krebs intensive Aufmerksamkeit, also dem Abschnitt vom 21. Juni bis 20. Juli. Das gleiche gilt für denjenigen, der die Zahl »7« trägt. Jeder, dessen Geburtszahl die »3« ist, sollte den Zeitraum vom 21. November bis 20. Dezember besonders beachten, wenn die Sonne im

Schütze steht. Genauso aber auch den Abschnitt der Fische, vom 19. Februar bis 20. März.

Wessen Schicksal Sinnzusammenhänge der »9« aufweist, sollte sich einmal mehr für die Zeit des Löwen interessieren (21. Juli bis 20. August). Eventuell hat aber auch der Abschnitt Wassermann (21. Januar bis 19. Februar) für ihn Aussagekraft, da die »4« zum Uranus gehört, den man in der neueren Astrologie dem letztgenannten Sternzeichen zuordnet.

Die Fünfer-Menschen entdecken demgegenüber womöglich besonderen Schwung in der Zeit 21. Mai bis 20. Juni (Zwillinge) oder während der Phase vom 21. August bis 20. September (Jungfrau). Die Sechser sollten ihren Elan vom 20. April bis 20. Mai (Monat des Stiers) nutzen oder die Energie der Zeit vom 21. September bis 20. Oktober (Waage) vermehrt in sich aufnehmen. Die Siebener wurden im Zusammenhang mit dem Abschnitt Krebs bereits erwähnt. Es folgen nun die Menschen mit dem Karma der »8«. Ihre Zeit ist entweder der Monat vom 21. Dezember bis 20. Januar (Steinbock) oder der vom 21. Januar bis zum 19. Februar (Wassermann). Schließlich die Neuner: Widder- bzw. Skorpion-Menschen, für die eine günstige Zeit sowohl vom 21. März bis zum 19. April reicht als auch vom 21. Oktober bis 20. November. Seien Sie in dem Abschnitt der Sonnenbahn durch den Tierkreis, der mit Ihrer Geburtszahl korrespondiert, besonders bewußt, achtsam und neugierig, was um Sie herum geschieht und was Sie gerade fühlen. Und widmen Sie den entsprechenden Monat vielleicht auch besinnlich sich selbst und Ihren Gestirnen. Fühlen Sie die Verbindung zur planetaren Konstellation. Spüren Sie die Energie Ihrer Zahl, wie sie in der Überlieferung enthalten ist, und gehen Sie dieser Kraft weiter nach. Seien Sie offen für kleine Entdeckungen, und freuen Sie sich, wenn Ihnen in den Monaten Ihrer Zahl Glück begegnet.

Sie können aber auch noch einen Schritt weitergehen. Jeder Wochentag ist nämlich gleichfalls einem Planeten und somit einer Zahl zugeordnet. Montag heißt zum Beispiel im Englischen Monday, früher »Moonday«, Tag des Mondes also, wie es auch im deutschen Namen durchscheint. Wir erkennen den Zusammenhang mit der Mond-Zahl »2«. Im angelsächsischen Saturday (Sonnabend) gewahren wir den Tag Saturns (»8«). Und so läßt sich die Reihe beliebig fortführen. Hier nun eine kleine Übersicht von Wochentagen und entsprechenden Karma-Zahlen:

— Sonntag entspricht Sonne und Uranus, den Zahlen »1« und »4«,
— Montag hängt zusammen mit Mond und Neptun, mit den Zahlen »2« und »7«,
— Dienstag ist marsbestimmt, also ein Tag der »9«,
— Mittwoch gehört zum Planeten Merkur, Zahl »5«,
— Donnerstag ist jupiterhaft, mithin der »3« zuzuordnen.
— Freitag ist venusgleich, ein Tag der »6« und
— Sonnabend ist saturnisch, mit der Zahl »8« verbunden.

Es empfiehlt sich, einmal ganz unvoreingenommen zu prüfen, wie die Wochentage für jeden individuell mit unterschiedlicher Energie im Jahresdurchschnitt aufgeladen sind. Besonders, wenn man die seelische Ladung des jeweiligen Wochentages dadurch verstärkt, daß man seiner astrologischen Entsprechung innerlich ein wenig nachgeht, stellt sich ein Resonanzverhältnis ein, das oft zu verblüffenden Einsichten führt. Man nimmt dadurch nicht nur die karmischen Kräfte von Zahl, Tag und planetarem Symbol auf, sondern bekommt auch ein Gefühl dafür, wie alles einem Rhythmus unterliegt, sich in natürlichen Abläufen bewegt — so wie Sonne und Mond ihre Bahnen ziehen, Tag und Nacht aufeinander folgen und sich die Jahreszeiten ablösen. Die Zeit der Jugend hat dann ihren Platz genauso wie die Zeit der Reife und des Alters. Es gibt Phasen, die dem Intellekt (Merkur), der Schönheit und Entspannung gewidmet sind (Venus), der persönlichen Ausdehnung (Sonne und Jupiter) oder der Begrenzung und Einschränkung (Saturn).

Besonders bei dem Zusammenhang der Zahlen »1«, »3« und »8« lohnt es sich, gedanklich etwas länger zu verweilen. Die sonnenhafte »1« beleuchtet unser Leben in seiner Kraft und Stärke, richtet unsere Gedanken aufs innere Zentrum, läßt uns auch mit Schöpfung und Kosmos als Einheit verbunden sein.

Die jupiterhafte »3« hat mit innerer und äußerer Entfaltung zu tun. Ihr Wesen ist das der Ausdehnung. Politische und soziale Gemeinschaften werden unter ihrem Vorzeichen größer. Der Mensch entwickelt ein Vollgefühl seiner gesellschaftlichen Bedeutung und nimmt an Einfluß zu. Oftmals kann man sich dabei auch selbst überschätzen. Doch ist der Pfad der »3« glückhaft und von großherzigem Wesen.

Demgegenüber ist der Sinn der »8« sinnvolle Begrenzung des Individuellen. Wer das Tor zur Unendlichkeit ($\infty$) gefunden hat, den Sinn für die kosmischen Zusammenhänge, bekommt Ahnung davon, was bleibt, wenn die strahlende Härte der »8« diamantengleich alles Überflüssige abgeschliffen hat. Saturn fordert von aller Kreatur seinen Preis, bringt sie auf dem Weg der Entwicklung aber weiter. Denn ohne Widerstände und Begrenzung würde nichts sich entwickeln. So ist es in einer sinnvollen Erziehung, und so ist es auch sonst im Leben. Oft dringt das Wesen der »8« auch in Form von Entbehrungen und Entsagungen in unser Leben ein. Nehmen wir sie dann als Symbol der Herausforderung, an der wir innerlich stärker werden sollen.

Andererseits ist es so: Jupiter und Saturn, der Sinn der »3« und das Karma der »8« bedingen einander. Nichts in der Natur kann unbegrenzt sein, sonst würden die Bäume in den Himmel wachsen (siehe Umweltschäden durch Ausbeutung und Plünderung der Erde — ungezügeltes Wachstum der Industrie). Aber nirgends sollte das Saturnische der »8« den Antriebskeim, die Entwicklung und das Leben ersticken. Unsere Wirtschaft muß sich entfalten können, wie es dem Sinn der »3« (Jupiter) entspricht. Dabei wird allerdings die Gegenwart mehr von der Notwendigkeit bestimmt sein, industrielles Wachstum zugunsten der Umwelt einzugrenzen. Zusammen ergeben die Symbole »8« und »3« ein sinnvolles Wachstum in vernünftigen Grenzen. Was für die Bedeutung gilt, die man auf Wirtschaft und Gemeinschaft anwenden kann, gilt auch für das persönliche Schicksal des Einzelnen, für seine Ansprüche, sein Werden und Wachsen.

Vor diesem Hintergrund wird man Begrenzungen, wie sie der »8« entsprechen und im Leben von jedem von uns vorkommen — nicht nur bei den Menschen, deren Karma besonders von der »8« geprägt ist —, besser verstehen. Gleichzeitig wird man dankbar sein für glückhafte Augenblicke, die dem großzügigen Prinzip der »3« entsprechen. In einem höheren Sinn gehen »3« und »8« in der Einheit der »1« auf, bilden gemeinsam ein Sinndreieck.

Betrachten wir die Zahlen, die sich aus dem eigentlichen, inneren Geburtsdatum — also ohne Monat und Jahr — ergeben, so erhalten wir Auskunft über das essentielle Wesen des jeweiligen Menschen. Die folgenden Zeilen bringen hierzu eine kleine Übersicht, worin mancher vielleicht sich und seine Mitmenschen wiedererkennt.

Jedoch bilden sie nur ein »Diagnoseelement« unter vielen, die wir im Laufe des Buches noch kennenlernen werden. Erst insgesamt ergibt sich meist ein sinnvoller Zusammenhang, der mehr über einen Menschen aussagt.

*Menschen der essentiellen Zahl »eins«:*

Prinzip Sonne, Natur des Löwen, Wesen der Autorität

Sie gelten als schöpferisch, aktiv, durchsetzungsstark, sind manchmal auch ichbezogen (Zentrumsgedanke: Sonne als Mittelpunkt des Planetensystems). Dieser Typ kann eine Gruppe zusammenhalten und ist oft tonangebend.

*Menschen der essentiellen Zahl »zwei«:*

Prinzip des Mondes, Natur des Krebses, Wesen des Empfangenden

Dieser Typus ist von seiner Inspiration geleitet, verhält sich oft etwas »wetterfühlig«, kann durchaus viel leisten, jedoch ist sein Wesen von lunaren Schwankungen erfüllt. Launenhaftigkeit und nach innen gekehrte Phasen kommen vor. Gelegentlich künstlerische Neigungen.

*Menschen der essentiellen Zahl »drei«:*

Prinzip Jupiters, Natur des Schützen: Wesen der Ausdehnung in der Realität. Oder Natur der Fische: Wesen der Ausdehnung in Fantasie und Gefühlsleben, Zahl der Kreativität.

Schlägt das Schütze-Karma mehr durch, handelt es sich um einen besonders ehrgeizigen Menschen, der hohe Ziele anstrebt, sich manchmal auch zuviel vornimmt. Oft mangelnde Anpassungsfähigkeit. Handelt es sich mehr um einen Fische-Einschlag ist das äußere Verhalten genau umgekehrt. Das Expansive wird innerlich erlebt. Oft entstehen auch Traumschlösser. Der Mensch ist vielfach recht sensibel. Starke künstlerische Neigungen. In beiden Fällen Einfallsreichtum und ausgeprägte Kreativität, spontane Entschlüsse und weitherziges Denken. Ob man mehr zur einen oder zur anderen Ausprägung neigt, muß man im Zusammenhang mit weiteren numerologischen Daten beurteilen. Meist kann man sich gefühlsmäßig aber schon ganz gut so oder so einordnen.

*Menschen der essentiellen Zahl »vier«:*

Prinzip des Uranus, Natur des Löwen oder Natur des Wassermanns, Wesen des Unvorhergesehenen und Neuen

Soweit der Karma Träger der Zahl »4« Durchsetzungsstärke und Kraft des Löwen besitzt, ist doch immer zu beachten, daß sein Naturell irgendwo auch vom Wesen des Wassermanns eingefärbt ist, also sprunghaft, für alles Neue empfänglich, spontan und auf Originalität bedacht. Manche Autoren weisen darauf hin, daß aus der unkonventionellen Grundhaltung eine Neigung entstehen kann, sich im Gegensatz zu vorherrschenden Meinungen und im Widerstreit zu anderen Menschen zu befinden. Dann auch Gefahr der Überempfindlichkeit und des Abseitsstehens. Mancher steht mit viel Zivilcourage auch für seine abweichende Meinung ein oder verteidigt Andersdenkende. Insofern: Das Kreuz der Welt tragen (das Kreuz ist nicht nur Symbol der vier Himmelsrichtungen, sondern auch Wahrzeichen der Nachfolge Christi).

*Menschen der essentiellen Zahl »fünf«:*

Prinzip des Merkur, Natur der Zwillinge und der Jungfrau, Wesen des Intellekts

Fünfer-Typen sind geistig sehr rege und beweglich. Sie haben eine schnelle Auffassungsgabe und kalkulieren nach Gesichtspunkten der Nützlichkeit. Sind sie zwillinghaft inspiriert, kommt eine große geistige Elastizität hinzu. Dann manchmal auch Neigung zur Nervosität und innerem Zwiespalt. Bei jungfrauhafterem Wesen mehr ernste Natur und besondere Liebe zur Genauigkeit und Gründlichkeit. Es dürfte schnell auffallen, in welche der beiden Richtungen man mehr tendiert. In jedem Fall ist Begabung zu raschem Vorwärtskommen gegeben, da man die geistigen Fähigkeiten meist gut einsetzen kann.

*Menschen der essentiellen Zahl »sechs«:*

Prinzip der Venus, Natur des Stiers oder der Waage, Wesen der Schönheit, der Liebe und des Genusses

Sie besitzen vielfach eine geradezu magnetische Anziehungskraft auf andere, genauso wie sinnliche Ausstrahlung und lieben schöne Dinge: Gemälde, Schmuck, Musik, gutes Essen. Oft sind künstlerische Begabungen vorhanden. Eine körperlich schwerfälligere und innerlich unnachgiebige sowie eine eher leichtfüßige, ansonsten auf Harmonie bedachte Spielart treten auf.

*Menschen der essentiellen Zahl »sieben«:*

Prinzip Neptuns, Natur des Krebses und der Fische, Wesen des Unbewußten

Es sind eher nachgiebige Charaktere mit viel Fantasie und starkem Ideenreichtum. Neigung zu Mystik und zum Okkultismus. Häufig kein ganz einfacher Lebensweg, oft von Illusionen begleitet.

*Menschen der essentiellen Zahl »acht«:*

Prinzip Saturns, Natur des Steinbocks oder des Wassermanns, Wesen der Entsagung, gelegentlich auch der Satire

Diese Menschen können viele Entbehrungen tragen und wachsen noch daran. Oft ein Hang zum Ernst und zu einer zurückhaltenden Art anderen gegenüber. Manchmal kehrt sich Ernst aber auch in Gesellschaftskritik um und bekommt dann einen satirischen Einschlag.

*Menschen der essentiellen Zahl »neun«:*

Prinzip Mars, Natur des Widder und des Skorpions, Wesen des Wollens und Strebens

Es handelt sich um Charaktere, die durch starke Willenskraft, Mut und Durchsetzungsfähigkeit gekennzeichnet sind. Diese positiven Eigenschaften können in Aggressivität und Strenge umschlagen. Das Schicksal steht unter dem Zeichen des Neubeginns, das heißt diese Kämpfernaturen zeigen ihre Kraft und Energie eher im ersten Ansturm, während es manchmal an Durchhaltevermögen fehlt.

## *Das gesamte Geburtsdatum*

Haben wir nun die essentiellen Zahlen kennengelernt, die etwas darüber aussagen, wie jemand von seiner Grundnatur her ist und sich verhält, so müssen wir diese Einflußgröße nun mit den anderen Zahlen des Geburtsdatums gewichten und es dann noch insgesamt beurteilen.

Die essentielle Zahlennatur ergibt sich — wir wissen es inzwischen — aus dem Geburtsdatum, etwa der 3., 21., 5. oder 31. eines Monats, wobei wir jeweils auf die Quersumme zurückrechnen. Wie kreisförmige Wellen, die entstehen, wenn man einen Stein ins Wasser wirft, bilden sich um die essentiellen Zahlen weitere Schwingungsringe seelischer Energie.

Der nächstfolgende Kreis wird durch die Zahl des Geburtsmonats gebildet. Sie korrigiert das Erscheinungsbild, wie es durch die essentielle Zahl ausgedrückt wird bzw. weist sie auf Nuancen hin. Sie kann es verstärken und unterstreichen oder neutralisieren und abschwächen.

Die dritte Welle persönlichen Karmas, wie es in unser Leben getragen wird, ergibt sich schließlich aus der Quersumme des Geburtsjahres. Mit Fingerspitzengefühl wird man alle drei Zahlenwerte in einem Gesamtbild zu deuten wissen.

In der Hintereinanderfolge kann sich zum Beispiel eine Verlaufstendenz ausdrücken, die einen Blick auf die Jugend wirft und sodann eine Charakterbildung in späteren Jahren zeigt. Es kann um Merkmale gehen, die erst im Laufe des Lebens erworben werden oder zunächst noch nicht sichtbar sind. Zu einer umfassenden Interpretation werden wir dann in der Lage sein, wenn wir abschließend auch die Quersumme des gesamten Geburtsdatums betrachten. Ein praktisches Beispiel macht dies anschaulich:

Jemand ist am 21. 3. 1949 geboren. Seine essentielle Zahl ist die Quersumme aus 21, also $2 + 1 = 3$. Sein Wesen ist daher vom Jupiter geprägt, was durch die Monatszahl (ebenfalls »3«) noch unterstrichen wird. Es dürfte sich um einen eher spontanen, großzügigen Menschen handeln, der viele kreative Einfälle hat.

Da wir ihn vielleicht persönlich kennen oder einen kurzen Eindruck von ihm haben, vermuten wir, daß das Jupiterhafte der »3« hier im Sinne des Fische-Karmas zu interpretieren ist. Das heißt, Gefühlsleben und Fantasie stehen im Vordergrund. Es besteht eine gutmütige Art, die vielleicht sogar ausgenutzt werden kann. Die großherzige Natur Jupiters wirkt hier mehr auf ein reiches Innenleben, ist eher passiv-empfangend als aktiv oder im sich durchsetzenden Sinne betont (wie es bei Schütze der Fall wäre).

Die Quersumme des gesamten Geburtsdatums gibt uns in dieser Annahme recht. Addieren wir: $2 + 1 + 3 + 1 + 9 + 4 + 9 = 29 = 2 + 9 = 11 = 1 + 1 = 2$. Zwei ist die Zahl des Mondes. Sie verweist auf Fantasie und Intuition und gilt, ist sie doch gerade — wir erinnern uns — tendenziell als weiblich. Dies würde einer Interpretation der jupiterhaften »3« (essentielle Zahl) im schützehaften Sinne grundlegend widersprechen. Denn die Mondzahl »2« deutet im Gesamtzusammenhang eher in die Richtung Fische-Naturell, das manche Übereinstimmungen mit der lunaren Wesensart aufweist. Wüßten wir überhaupt nichts über den betreffenden Menschen, dessen Charakter wir gerade deuten, so würde uns die Mondzahl »2« eigentlich schon genügend Aufschluß geben, in welchem engeren Sinne das Jupiterwesen der »3« hier zu beurteilen ist. Wie festgestellt: Eher im Sinne der Fische als des Schützen, also mehr passiv geöffnet, seelisch empfangend.

Die »2« (Quersumme der gesamten Geburtszahl) weist mondhaft zu dem auf Zweifel und inneren Zwiespalt hin. Jedoch wissen wir von der »3« (21. 3. $= 2 + 1 = 3$ und Geburtsmonat $= 3$), daß sie Gegensätze — auch solche innerer Natur — in einem höheren Sinne überwinden kann. Das doppelte Erscheinen der »3« als essentielle Zahl (Geburtstag) und als zweiter Schwingungskreis (Monatszahl) läßt vermuten, daß es der betreffende Mensch zumindest in seinem späteren Leben schaffen wird, seine inneren Widersprüche auszugleichen. Eine gewisse Großzügigkeit im Denken vermag unter Umständen auch die unterschiedlichsten Pole zu harmonisieren.

Der dritte karmische Schwingungskreis ist das Geburtsjahr bzw. seine Quersumme. Im vorliegenden Fall ergibt sich $1 + 9 + 4 + 9 = 23 = 2 + 3 = 5$. Vergegenwärtigen wir uns dabei: Die »5« stellt das merkurische Prinzip dar, ist Verstand und deutet auf sprachliche Begabung hin.

Betrachtet man die drei Schwingungskreise hier in der Aufeinanderfolge, so läßt sich vermuten, daß es sich um einen Menschen handelt, der besonders in frühen Jahren sehr empfindsam reagiert und sich seiner Umgebung gegenüber betont offenherzig verhält. Es kann sein, daß im doppelten Erscheinen der »3« auch zum Ausdruck kommt, daß jupiterhafte Eigenschaften später möglicherweise eine Variation ins Schütze-Thema erfahren. Das würde heißen: Zu der fischehaften Gefühlsbetonung treten möglicherweise Eigenschaften wie Antriebsstärke, Ehrgeizbetonung und Durchsetzungsbedürfnis. Ob dies tatsächlich so ist, wird man später in der Gewichtung von Geburtsdatum und seinen Einzelfaktoren (Schwingungskreisen) mit den numerologischen Daten des Namens erfahren.

Zunächst jedoch wird aus der Aufeinanderfolge der Einzelglieder des Geburtsdatums noch etwas anderes deutlich. In späteren Jahren entwickelt der betreffende, am 21. 3. 1949 geborene Mensch zunehmend seine Verstandeskräfte. Denn die Quersumme seines Geburtsjahres ist die merkurbetonte »5«. Möglich, daß er hierdurch manches ausgleichen kann, was ihm das Wesen der Fische an Neigung zu Illusion und Gutmütigkeit auf den Weg gegeben hat. Er wird zunehmend seinen Kopf einschalten, und vielleicht ergibt sich dadurch sogar ein Konflikt zwischen Herz und Verstand. Der Kopf wird aufgrund leidiger

Erfahrungen der Persönlichkeit bestimmte Gefühle abwürgen, die sich dann zu einem anderen Zeitpunkt um so mächtiger melden.

Viel kann der betreffende Mensch aus sich machen, wenn er die merkurische Sprachbegabung der »5« nutzt, die sich sehr sinnvoll mit der Fantasie der fischehaften Grundnatur verbinden kann. Arbeitsplätze und Passionen, die vom geschriebenen Wort betont sind, dürften für ihn gut in Frage kommen. Vielleicht wird er sogar schriftstellerische Neigungen in sich entdekken.

Auch wenn die »3« in der essentiellen Zahl $(21 = 2 + 1 = 3)$ und im zweiten Schwingungskreis (Geburtsmonat $= 3$) hier im wesentlichen als Symbol des Fische-Schicksals gedeutet wurde, womit »weibliche Qualitäten« wie innere Empfänglichkeit und Sensibilität verbunden sind, weist das überwiegende Erscheinen ungerader Zahlen im Zusammenhang des gesamten Geburtsdatums auf eine gute Mischung weiblicher und männlicher Eigenschaften hin. Denn die ungeraden Zahlen gelten ja als männlich, bilden also in diesem Sinne ein Gegengewicht zu mehr empfänglichen Merkmalen.

Unabhängig davon sollte man dem Menschen, dessen Leben wir hier auf den Grund gegangen sind, dazu raten, doch noch stärker die schützehafte Seite der »3« in sich zu kultivieren, damit seine dynamisch-aktiven Anteile besser zur Geltung kommen.

Das gewählte Beispiel wurde hier in aller Ausführlichkeit dargestellt, damit erkennbar wird, wie weit in die Tiefe allein schon die Analyse des Geburtsdatums gehen kann. Bei der Interpretation der Einzeldaten sollte man sich jedoch immer eine Haltung zu eigen machen, die sagt: »Es könnte sein, daß ...«, nicht aber: »So und so ist es.« Denn unabhängig davon, daß man sich bei der Bewertung der Daten irren mag, ist der Mensch auch wandelbar. Irgendwelche Faktoren in seinem Leben haben vielleicht dazu beigetragen, daß Teile seines Karmas nur abgeschwächt in Erscheinung treten, während andere Teile, die als Schicksalslinien bei der Geburt eventuell recht gering vorhanden waren, durch Erziehung und andere Umweltfaktoren verstärkt werden und daher nun das äußere Leben und Erscheinungsbild prägen.

Numerologisch ist das nicht immer in letzter Konsequenz zu fassen, im Einzelfall möglicherweise sogar überhaupt nicht ablesbar. Gut, daß es so ist, denn gottlob sind wir menschliche Wesen, lebende Organismen mit einer Seele und keine statisch funktionierenden Roboter, deren Baupläne man nur anschauen müßte, um sie bis ins letzte zu verstehen.

Im kurzen nun einige weitere Beispiele, die unseren Einblick in das Verständnis des Geburtsdatums vertiefen:

Der Geburtstag fällt auf den 15. 6. 1960. In der Hintereinanderfolge erhalten wir aus den Quersummen die Zahlen 6, 6, 7 und für Tag, Monat und Jahr den Gesamtwert 28, entsprechend $2 + 8 = 10$ oder $1 + 0 = 1$. Aus zweimaligem Auftreten der »6« ergibt sich eine starke Venusbetonung. Der Betreffende wird sehr ästhetisch orientiert sein. Und über seine Aufgeschlossenheit allem Schönen gegenüber hinaus hat er ein ausgeprägtes Verhalten zur Lust (ebenfalls Venus), nicht nur was sinnliche Freuden betrifft. Er wird sich wahrscheinlich auch nur dann zu einem Verhalten entschließen, wenn er innerlich dazu motiviert ist. Und Lust und Laune dürften auch sein Verhältnis zur Arbeit bestimmen. Das Venushafte hat hier die Tendenz, sich mit zunehmendem Alter zu verstärken, denn »6« folgt auf »6«. Im Wortstamm dieser Zahl ist übrigens auch der Begriff Sex enthalten. So gehen eine starke erotische Ausstrahlung und entwickelte sexuelle Bedürfnisse auch miteinander einher.

Dazu kommt löwehafte Potenz aus der »1« (Quersumme des Gesamtdatums). Von hier bezieht er auch seine berufliche Durchsetzungs- und Leistungskraft, die passiv-empfangende Tendenzen der »6« (eine gerade Zahl) wirkungsvoll ausgleichen können. Diesem Menschen ist zu empfehlen, über das Wesen der »1« stärker zu meditieren und im Leben dem Weg des Löwen mehr nachzugehen, zumal sich durch die neptunische »7« eine Gefahr andeutet, daß irgendwann im Leben eine Phase auftritt, die von einer Neigung zur Illusion geprägt ist. Anlehnungsbedürfnis und eine Bereitschaft zum Verweilen in früheren Entwicklungsstadien, die ebenfalls in der »7« stecken, sind in eine Jugendlichkeit zu überführen, die im besten Sinne zu verstehen ist. Hierbei wird es wiederum hilfreich sein, das Löwehafte mit seiner Kraft und Ich-Stärke weiter in sich auszubilden. Sonst könnte der Lebensweg einmal ganz in der »7« aufgehen, was möglicherweise problematisch wäre. Die Ausrichtung auf die »1«, das Im-Auge-Haben einer runden, in sich geschlossenen Persönlichkeit wird hingegen die verschiedenen Kräfte zu einer Einheit addieren (Wesen der Zahl »1«).

Interessant sind Fälle, in denen man das Sternzeichen, wie es sich aus dem Geburtshoroskop ergibt, mit den planetaren Zahlenbedeutungen vergleichen kann. Zum Beispiel ist jemand (Sternzeichen Krebs) am 25. 6. 1943 geboren. Hier liegt in Übereinstimmung mit dem Horoskop (essentielle Zahl, 2 + 5) die Neptunzahl »7« vor, die Cheiro nach seiner astrologischen Wertung noch mit dem Zeichen Krebs in Beziehung gesetzt hat. In diesem Fall geht es um einen Menschen, der sich vor Illusionen, wie sie wahrscheinlich besonders in seiner Jugend entsprechend der »7« betont waren und vor Launenhaftigkeit, wie sie dem Krebsnaturell entspricht, hüten sollte. Ausgeprägt wird die Häuslichkeit der Krebsnatur sein, was zu begrüßen ist. (Die Schale des Krebses wird symbolisch auch mit Haus und Wohnung in Verbindung gebracht.)

Aus der »6« ergibt sich ein gewisser Schönheitssinn, der in den Zahlenwerten jedoch keine besondere Betonung findet. Aus der Quersumme des gesamten Geburtsdatums ergibt sich der Wert »3«, was sich in näherer Kenntnis der Persönlichkeit als schützehaft deuten läßt, zumal Ehrgeiz und Antriebskraft der Schütze-Anteile durch das Steinbockwesen der »8« (Quersumme des Geburtsjahres) unterstrichen werden. Fleiß und Strebsamkeit werden hier deutlich, aber auch steinbockartige Abkapselungsmentalität.

Manchmal ist es so, daß wir Grund haben, der Aussage des

Sternzeichens eines Menschen Zweifel entgegenzubringen. Wir kennen ihn gut, und finden, daß bestimmte Anlagen, die die Astrologie ihm zuschreiben würde — wenn überhaupt — nur sehr versteckt zum Ausdruck kommen. Vieles, was untypisch ist, ergibt sich bei näherem Hinsehen natürlich aus dem präzisen Grundhoroskop, mit genauer Planetenverteilung, mit den dazugehörigen Aspektberechnungen und Daten wie Aszendent usw. Doch auch, wenn uns entsprechende Deutungsmöglichkeiten nicht zur Verfügung stehen, können wir uns eventuell erklären, warum der Betreffende ein vergleichsweise untypischer Vertreter seines Sternzeichens ist. Dabei bietet gelegentlich gerade die Numerologie wertvolle Interpretationsmöglichkeiten. Hierzu wieder eine konkrete Fallanalyse.

Eine Frau wurde am 25. 12. 1909 geboren. Ihr Sternzeichen war mithin Steinbock, was in den numerologischen Werten, soweit sie sich rein aus dem Geburtsdatum ergeben, keine Entsprechung findet. So galt sie auch, für alle, die sie kannten, entgegen astrologischer Auffassung von ihrem Sternzeichen als warmherzig, offen und gefühlsbetont, manchmal sogar als überschwenglich. Zum gängigen Bild vom zurückhaltenden bis unterkühlten Steinbock will dies überhaupt nicht passen. Andererseits trafen andere Steinbock-Merkmale auf sie zu: die Bereitschaft, bis zum schonungslosen Umgang mit den eigenen Kräften zu arbeiten und für die Familie da zu sein. Außerdem hatte sie ein oft entbehrungsreiches Leben.

Betrachtet man ihr Geburtsdatum numerologisch genauer, so wird die Gefühlsbetonung aus der Gegenwart der »7« (Geburtstag) und aus der »2« als letzte Quersumme aus dem gesamten Geburtsdatum deutlich. Die »7« weist außerdem — wie uns inzwischen bekannt — auf Neigung zu Illusionen hin, die sich beim Steinbock nicht finden. Im Wert der »3« (Geburtsmonat) erkennen wir ein großzügiges Wesen, das steinböckischer Sparsamkeit, die bis zum Geiz gehen kann, widerspricht. Tatsächlich handelte es sich um eine Frau, die gerne Geschenke machte und anderen immerzu Gutes tun wollte (manchmal sogar mit gewissen Übertreibungen). Interessanterweise war sie im ersten Abschnitt Steinbock, also zum Schützen hin geboren, womit sich die »3«, Quersumme aus dem Geburtsmonat, als schützehaft verstehen läßt. Jupiterhafte Großzügigkeit würde dem entsprechen. Die weichherzige Art weist jedoch auch auf die Fische-Seite der Zahl »3« hin. Schließlich findet sich als letzte Quersumme des Geburtsjahres noch die »1«, was löwehafte Stärke vermuten läßt. In der Realität war das Ego jedoch vergleichsweise schwach ausgeprägt, jedoch ließen sich löwehafte Züge im starken Temperament dieser Frau erkennen.

Vielleicht hätte sie es im Leben um so vieles leichter gehabt, wenn es ihr gelungen wäre, gemäß Löwetugenden das Ich mehr zu entfalten und einen gesunden Egoismus zu entwickeln. Leider war das Wesen der »1« insofern nur schwach entwickelt. Stark jedoch kam der Gedanke an Einheit zum Ausdruck, der die zentrale und höhere Bedeutung der »1« wiedergibt. Denn die betreffende Frau war immer stark um Zusammenhalt und Einheit der Familie bemüht. Diese kleine Betrachtung soweit zu einem Beispiel, in dem das Sonnenstandszeichen der Sterndeutung eigentlich nur recht eingeschränkt zum Wesen der Person paßte. Die Antworten der Numerologie haben Gedanken und Assoziationen hinzugefügt.

Schließlich noch ein Ausblick auf einen einigermaßen problematischen Zusammenhang, wenn zwei bestimmte Zahlen zusammentreffen. Es geht um die »8« und die »4«. Die erste repräsentiert das Saturnische des Steinbocks, also Entsagung, Entbehrung, persönliche Begrenzung. In der Vier kommt die Symbolik des Kreuzes mit seinen vier Endpunkten zum Ausdruck (wie erwähnt: das Kreuz der Welt tragen). Im Zusammentreffen von »8« und »4« zeigen sich somit Entwicklungslinien, die den Lebensweg oft beschwerlich machen können. Die numerologische Bedeutung beinhaltet auch eine Warnung vor Krankheiten. Es gilt dann besonders die körpereigenen Abwehrkräfte zu stärken, Tränen und Aggressionen herauszulassen, ohne schwermütig oder wenig umgänglich zu werden.

Um emotionales Gleichgewicht sollte man sich vielmehr bemühen, wozu eben auch stark das Zeigen der innerlich gerade vorhandenen Gefühle gehört. Wut muß raus, damit sie nicht als Gift im Körper bleibt. Andererseits müssen diese Menschen darauf achten, nicht zu sehr anzuecken. Denn die »4« beinhaltet, wie eingangs ausgeführt, auch ein starkes Abweichen von der Norm, einen Mangel an Anpassungsbereitschaft. Man wird von anderen oft nicht verstanden. Daher gilt es, eigenen Zorn anderen verständlich und plausibel zu machen, dem Mitmenschen die eigenen Gefühle nach einem Ausbruch immer wieder zu erklären. Auf das Warum kommt es an.

Auch ist es wichtig, über all die Zahlenbedeutungen in den numerologischen Werten verstärkt zu meditieren, die für Lebensfreude, Mut und persönliche Entfaltung stehen. Man gehe dann also dem Schönheitssinn der »6« innerlich nach, erfreue sich an Natur, Kunst und Liebesfreuden. Man suche persönliche Entfaltung und Einheit in der »1«. Und die großzügige Einstellungsweise der »3« wird jupiterhafte Weite ins Denken bringen. Fehlen die entsprechenden Zahlen in den Werten des Geburtsdatums, sind sie vielleicht in den numerologischen Entsprechungen des Namens zu finden, worauf wir noch eingehend zu sprechen kommen wollen. Sind sie jedoch auch hier nicht vorhanden, so spüre man dennoch dem Sinn der Zahlen »1«, »3« und »6« nach. In diesem Zusammenhang wird das Buch auch ein umfassendes Kapitel enthalten, wie man die Energie der ersten zwölf Zahlen als Meditation in sich aufnimmt und wieder in die Welt abstrahlt.

# *Schicksalsjahre*

Wie die Aufeinanderfolge der Teilzahlen des Geburtsdatums eventuell eine Verlaufstendenz im Leben angeben kann, mündet sie in eine Zahl, die uns jetzt noch mehr über Rhythmus und die sich entwickelnde Bedeutung im Leben sagen wird. Es ist das Geburtsjahr, aus dem sich schicksalhafte Jahre des weiteren Weges einer Persönlichkeit erspüren lassen.

Nach Jules Silver (»Numerologie, Ihre Glückszahlen, Eine Kabbala des 20. Jahrhunderts«) errechnen sie sich in folgender Weise:

Man nimmt das Geburtsjahr und addiert dazu seine Quersumme. Hieraus ergibt sich das erste sogenannte Schicksalsjahr. Addiert man hierzu die Quersumme, die sich aus dieser neuen Jahreszahl ergibt, kommt man auf das zweite. Wiederum hieraus die Quersumme gezogen und zum zweiten Schicksalsjahr addiert, läßt das dritte Schicksalsjahr aufscheinen. Diese Vorgehensweise kann nun beliebig fortgesetzt werden. Silver macht es unter anderem an einem historischen Beispiel klar. Nero, römischer Kaiser, schrecklicher Herrscher seiner Zeit, wurde im Jahre 37 n. Chr. geboren. Rechnen wir: 37 + Quersumme 10 = 47. Es war das Todesjahr von Neros Vater, des Gnäus Domitius Ahenobarbus. Das nächste Schicksalsjahr des Kaisers war 47 + Quersumme 11 = 58. Hierzu Silver: »In diesem Jahr kam Armenien unter römische Oberhoheit, und Neros Lehrer Seneca schrieb seine philosophische Abhandlung ›Über das glückliche Leben‹.« Drei Jahre vor dem nächsten Schicksalsjahr (es wäre 58 + Quersumme 13 = 71 gewesen) ließ Nero sich erstechen. Hieraus ersehen wir, daß Schicksalsjahre gelegentlich auch nur ungefähre Markierungen angeben. Einschneidende Ereignisse können im Einzelfall auch kurz davor oder danach liegen. Inter-

essanterweise ist die Quersumme aus der Quersumme »13«
(von 5 + 8, in 58) die Zahl »4«. Denn 1 + 3 = 4. Und so ist denn
das Wesen der »4« ja auch nur zu oft mit Beschwernissen und
entsprechenden Bedeutungen beladen.

Normalerweise wird die Vorbedeutung eines Schicksalsjahres
allerdings etwas komplizierter gerechnet, und zwar addiert man
Geburtstag zu Geburtsmonat plus das errechnete Schicksalsjahr
und nimmt daraus die Quersumme. Da Nero an einem 15. 12.
geboren wurde, rechnet man 15 + 12 = 27 + 71 (Es wäre das
dritte Schicksalsjahr gewesen) = 98. Hieraus die Quersumme
ergibt 17 = 1 + 7 = 8. Wir begegnen jetzt der saturnischen »8«,
dem Prinzip der Begrenzung. Neros Tod trat vor diesem Bedeu-
tungshintergrund ein, weil sein ganzer Lebensweg dunkel war
und er offensichtlich wohl nichts getan hatte, sich von seinem
unheilvollen Karma zu befreien.

Wie genau die Schicksalsjahre hinkommen und wie passend
ihre Sinnentsprechungen sind, ist manchmal recht unterschiedlich. Man mag sich im Einzelfall überraschen lassen, ohne sich
zu eng an die diesbezüglichen Aussagen der Zahl zu klammern.
Manchmal kann die Bedeutung der Schicksalszahlen auf Gefahren hinweisen oder auf glückliche Phasen längerer Dauer aufmerksam machen, die es zu nutzen gilt. Dabei muß man den Beginn und das Ende solcher Perioden sehr oft mit einer Toleranz
von ein bis drei Jahren rechnen. Man wird seine Erwartung aber
ungefähr auf die entsprechenden Zeiträume einrichten können.

Gewisse zeitliche Differenzen mögen unter anderem daher
erklärbar sein, daß sich die Entwicklung des persönlichen Karmas durch Verhaltensweisen und Einstellungsänderungen be-
schleunigen oder verzögern kann. Es kann verstärkt oder abgeschwächt werden. Damit hängt auch die Entwicklung wichtiger
Lebensabschnitte zusammen.

Silver bringt schließlich ein Beispiel aus der jüngeren Geschichte, das ein recht exaktes Zahlenmaterial hergibt. Es ist insofern besonders interessant, als es zeigt, daß sich auch wichtige

Etappen von Staatswesen und anderen Gemeinschaften wie Vereinen und Verbänden erahnen lassen. Es geht in diesem Fall um die Entwicklung unseres Landes, der Bundesrepublik Deutschland.

| | |
|---|---:|
| Gründungsjahr: | 1949 |
| + Quersumme aus 1949 | 23 |
| Schicksalsjahr | 1972 |

Dazu Silver u. a.: »Am 12. Mai 1972 paraphierten Staatssekretär Bahr vom Bonner Bundeskanzleramt und Staatssekretär Kohl vom DDR-Ministerrat in Bonn den innerdeutschen Verkehrsvertrag. Am 17. Mai 1972 wurden die von der Bundesregierung abgeschlossenen Ostverträge mit der Sowjetunion und der Volksrepublik Polen vom deutschen Bundestag mit relativer Mehrheit angenommen.«

Will man nun über die Bedeutung des Schicksalsjahres 1972 für unser Gemeinwesen spekulieren, kann man auf das Datum zur Verkündung des Grundgesetzes zurückgehen. Es war der 23. Mai 1949. Betrachten wir »Geburts«tag und »Geburts«monat unserer Republik und addieren beide, so erhalten wir $23 + 5 = 28$. Zählt man diesen Wert zur Quersumme von 1972 ($= 1 + 9 + 7 + 2 = 19$), so erhält man die Zahl 47. Daraus wiederum die Quersumme ergibt den Wert »11«.

Silver sieht in dieser Zahl eine Doppeldeutigkeit. Vor dem Hintergrund von internationaler Rohstoffknappheit und einer weltweiten Wirtschafts- und Finanzkrise deutet er die »11« einerseits zwar noch wie üblich im Sinne von »Offenbarung«, andererseits aber doch auch im Sinne von Martyrium und Verzicht, was durch eine »Krisensymbolik« der »2« noch unterstrichen werde. Man kann jedoch auch zu einer anderen Auffassung kommen. Dazu ein kleiner Vorgriff auf die zusammengesetzten, mehrstelligen Zahlen. Der Numerologe Kissener sieht in der »11« ebenfalls das Schlüsselwort »Offenbarung«, wozu er folgende Sinnbeschreibung der Zahl gibt: »Dies ist der Träumer, der Visionär, einer, der seine Ideale intuitiv findet. Diejenigen, die dieser Vibration unterstehen, leben auf einer höheren Ebene als auf der strikt materiellen. Ihre Berufung ist, Neues, Erhebendes der Welt zu verkünden. Sie sind die Botschafter, die Wortführer, die Verkünder.« An anderer Stelle behandelt Kissener die »11« im Sinne von »spiritualer Macht«, als »Gedankenmagie« oder wie er sagt: »… eine geistige Kraft, die besondere und gezielte Wirkungen hervorruft.«

Verfolgt man die »11« vor diesem Hintergrund weiter und reduziert sie nun auf die Quersumme »2«, so läßt sich dies u. a. so deuten, daß die Ostverträge zunächst umstritten waren und manchen parlamentarischen Streit bedeuteten (»2« als Ausdruck von Zwiespalt und Zweifel), dann aber ein Klima von Empfänglichkeit für neue Entwicklungen herstellten. Die »2« als gerade, weibliche, empfangende Zahl. Ganz neutral gewertet paßt dies zur Periode der Entspannungspolitik, die damals weltweit gerade besondere Bedeutung hatte.

In der »11« liegt nach Kissener allerdings auch eine Bedeutung der Askese, wie sie den weltwirtschaftlichen Entwicklungen jener Zeit entsprachen, die für breite Kreise nicht gerade die üppigsten Jahre gebracht haben. Und in der »2« mag natürlich auch mancher Zweifel an der Zukunftsentwicklung liegen, von dem unsere Zeit seit den 70er Jahren immer noch geprägt ist. Geht es hier nicht auch um die Verkündung einer »neuen Zeit« im Sinn der »11«, die zunächst mit Einschränkungen und Verzicht verbunden ist. Denn »diejenigen, die dieser Vibration unterstehen, leben auf einer höheren Ebene als der strikt materiellen«. Die Basis für einen umfassenderen Frieden auf dieser Welt geht zunächst eventuell mit Erschütterungen und manchem Verzicht einher.

Spannend ist es jetzt natürlich, einen Blick auf das nächstfolgende Schicksalsjahr zu werfen, das in den 90er Jahren neue Entwicklung bringt.

| | |
|---|---|
| Gründungsjahr | 1949 |
| + Quersumme aus 1949 | 23 |
| 1. Schicksalsjahr | 1972 |
| + Quersumme aus 1972 | 19 |
| nächstes Schicksalsjahr | 1991 |

Die Tendenz ergibt sich wiederum aus Gründungstag plus -monat, plus Quersumme aus 1991, also: $23 + 5 + 1 + 9 + 9 + 1 = 48 = 4 + 8 = 12 = 1 + 2 = 3$. Der numerologische Wert »12« steht für Opfer, auch Sühne, Ablösung einer Schuld. Man könnte spekulieren: Ist in dieser Zeit eine bewußte Opferhaltung vonnöten, die menschliche Umweltsünden der Vergangenheit zu begleichen hat? Geht es auch um die Kosten der deutschen Einheit von genau dem Jahr an?

Bringt man den Sinn der »12« in Zusammenhang mit Prophezeiungen von Sehern und Zukunftsdeutern aus Geschichte und Gegenwart, so werden die 90er Jahre die große Entscheidung bringen, ob unsere Zivilisation ihre weltweiten Probleme wird lösen können. Hoffnungsvoll kann uns dabei stimmen, daß die »3« als letzte Quersumme darauf hindeutet, daß zumindest unser Land einer einigermaßen glücklichen Entwicklung wird entgegensehen können. Es kommt hier sicher die Kreativität dieser Zahl zum Zuge und der ihr innewohnende Charakter, Gegensätze ausgleichen zu können, sie auf einer höheren Ebene zu überwinden. Es drückt sich hier gleichfalls jupiterhafte Großzügigkeit aus, was auch ein Hinweis auf Entfaltung im Geiste, wie im Materiellen sein könnte — worin die Entwicklung mit Chance schließlich einmünden mag. So besteht Berechtigung zu einem vorsichtigen Optimismus, daß es diesem Land nach Erbringen einer gewissen Opferbereitschaft in den 90er Jahren wohl insgesamt (noch) besser als heute gehen werde — was auch immer darunter zu verstehen ist. Vielleicht gehören dazu glückliche Konjunkturverläufe, mehr Friede mit der Umwelt oder auch eine stabilere weltpolitische Lage. Meditieren wir als einzelne über den Sinn der »12« und der »3«, so werden wir durch unser persönliches Tun und Handeln vielleicht einen bescheidenen, aber durchaus wirkungsvollen Beitrag leisten können, daß die gemeinsame Entwicklung in eine positive Zukunft mündet, auch wenn noch »Geburtswehen« vorausgehen können.

Interessant ist übrigens, wenn man Einzelschicksale mit den großen Strömungen in unserer Politik vergleicht. So erlebte mancher, der im Jahre 1949 geboren wurde, den Sinn der »11« im ersten Schicksalsjahr unseres Landes, das mit seinem zusammenfiel. Er konnte manche kleine »Offenbarung« erleben, die in Form neuer geistiger Entwicklungen an ihn herandrang. Es war das Aufbegehren einer jungen Generation in den frühen 70er Jahren, von der eventuell auch er erfaßt wurde. Ein neuer, in vielen Fällen zwangloserer Lebensstil wurde eingeleitet. Die sogenannte »sexuelle Befreiung« mit allen Vor- und Nachteilen trat ins Leben, Umgangsformen änderten sich.

Für den, der im Jahre 1949 geboren wurde, bedeutete all das oftmals eine Zunahme an innerer Freiheit. Doch auch eine gewisse Unsicherheit entstand, was mit diesen größeren Bewegungsspielräumen anzufangen sei. Viele Jugendliche des Jahrgangs '49 deuteten die »Offenbarung« der »11« falsch und drifteten in Drogenkonsum und andere negative Erscheinungen des gesellschaftlichen Umbruchs an. Erstmals entstand in den 70er Jahren aber auch ein neues Umweltbewußtsein und damit ein größeres Verantwortungsgefühl für das gemeinsame Schicksal in breiten Bevölkerungsschichten. All das hat sich vielfach mit persönlichen Ereignissen jener Menschen, die im Jahre '49 geboren wurden — wie beinahe zufällig, aber doch sinnvoll —, zu einem großen Muster verwoben.

Wir erkennen daraus, daß Karma und Schicksalsweg des einzelnen, wie sie in den Zahlen symbolisch zum Ausdruck kommen, oft auf erstaunliche Weise mit der Entwicklung größerer Gemeinschaften, wie Familie, Firma, Verein, Verband oder Staat verbunden sind.

Es lohnt sich daher auch, wenn man einer Gruppierung beitritt, ihre entscheidenen Schicksalsjahre (und deren tieferen Sinn) mit den eigenen zu vergleichen. Dazu muß einem natürlich auch so was wie ein Gründungsjahr bekannt sein. Selbst bei der kleinsten Gruppe, wie es die Zweierbeziehung darstellt, ist dies aber meist der Fall (etwa der Tag, an dem man sich kennenlernte).

Wir können nun auch das »Geburtsdatum« einer Gemeinschaft in dem Sinne beleuchten, wie es im vorhergehenden Kapitel für uns persönlich besprochen wurde. Wir erhalten dann auch für die Gruppierung — Sportverein, Partei, Interessengemeinschaft — drei Schwingungskreise karmischer Natur, die oft in seltsamer Beziehung zu unseren eigenen stehen. Vergleichen wir also auch ganz unbefangen, wie die Quersummen von Entstehungstag, -monat und -jahr mit unserem eigenen Geburtstag, -monat und -jahr harmonieren. Daraus ergeben sich oft kleine Aha-Erlebnisse. Manchmal wurde schon das persönliche Schicksal durch das Gemeinschaftskarma einer Gruppe oder Gruppierung mit beeinflußt. In diesem Sinne wirken sich teilweise auch die Schicksalsjahre aus. Am stärksten dürfte es bei dem größten und umfassendsten Gemeinschaftsverband — unserem Staatswesen — der Fall sein. Denn hieraus entwickeln sich gesellschaftliche Strömungen, denen wir uns eigentlich nie so ganz entziehen können. Sie haben auch auf unseren persönlichen Lebensweg oft einen entscheidenden Einfluß. Bedenken wir dies, wenn wir uns mit etwas Liebe dem Weg der Zahl widmen.

# Wie alles zusammenhängt

Da das Weltbild unserer Kultur im modernen Zeitalter sehr stark wissenschaftlich geprägt ist, will natürlich auch der kritische Verstand befriedigt werden. Lassen sich Geheimnis und Wunder der Zahl etwa auch wissenschaftlich verstehen? Gibt es hierfür einleuchtende Erklärungen?

Die Antwort heißt »jein«. Wie bei anderen »Wundern« auch, wird es uns kaum möglich sein, das Mysterium der Zahl wissenschaftlich zu begründen, alle Zusammenhänge in der Hinsicht bis ins letzte rational zu verstehen.

Doch es gibt Erklärungsbrücken, die zum Verständnis beitragen. Sinn und Wesen der Zahl erhellen sich so auch vor einem Hintergrund, der dem mehr wissenschaftlich orientierten Weltbild ein wenig gerecht wird. In dem Zusammenhang taucht eine Theorie auf, die in der ersten Hälfte unseres Jahrhunderts von einem Psychologen und einem Physiker gemeinsam entwickelt wurde. Ihr Gegenstand waren natürlich keine numerologischen Überlegungen oder Gesichtspunkte, jedoch lassen sich Annahmen und Gedankengänge jener geradezu revolutionären Theorie auch darauf übertragen.

Zuerst zu den Männern, dann zur Sache selbst. Der eine Wissenschaftler war kein Geringerer als der Schweizer Psychologe und Freud-Schüler C. G. Jung (1875—1961). Bekannt wurde er vor allem durch seine Forschungsarbeiten, in denen er den psychologischen Gehalt von Märchen, Mythen und Sagen aus der ganzen Welt miteinander verglich. Daraus ergab sich für ihn die Auffassung, daß jeder Mensch nicht nur ganz persönlich ein Unbewußtes (früher sagte man Unterbewußtsein) besitzt, sondern auch an ein gemeinsames Unbewußtes der ganzen Menschheit »angekoppelt« sei.

In dem Zusammenhang sprach Jung von dem sogenannten kollektiven (gemeinsamen) Unterbewußtsein. Es spiegele sich in der psychologischen Weisheit der Märchen, Mythen und Sagen aller Völker wider. Dabei spielen besonders Symbole eine große Rolle. Und auch Zahlen, wie wir sie hier im Buch behandeln, sind im Grunde solche Symbole, die aus dem kollektiven Unbewußten heraus mit ihrer Bedeutung in unser persönliches Unbewußtes dringen. Hier — so könnte man sagen — entfalten sie dann ihre unterschwellige Wirkung, die auf unser Tun und Handeln im Wachbewußtsein, wie auf unser tieferes Schicksal Einfluß nimmt. Und zwar gemeinsam mit anderen Ursymbolen wie Sternzeichen oder Sinnbilder aus der Kabbala. Soweit ist Jung bei seiner Theorie zwar nicht gegangen, aber sinngemäß lassen sich seine unzähligen Bände zur seelischen Symbolik sicher so verstehen und auf unser Thema ausweiten. Betrachten wir Zahlen, wie Sternzeichen und kabbalistische Bilder folglich als Symbole des kollektiven Unbewußten.

Jung hat aber nicht nur einen grandiosen wissenschaftlichen Entwurf dafür gebracht, warum sich Überlieferung, Glaube und Sagenwelt unterschiedlichster Kulturen in so vielem ähneln. Zusammen mit einem anderen Denker unserer Zeit hat er sich noch weiter vorgewagt.

Es war dies der Physiker und Nobelpreisträger Wolfgang Pauli, der im Jahre 1900 in Wien geboren wurde und 1958 in Zürich verstorben ist. In seinen wissenschaftlichen Arbeiten beschäftigte er sich unter anderem mit Einsteins Relativitätstheorie und mit der Quantenmechanik von Max Planck. Während es in seinem engeren Arbeitsgebiet u. a. eine Zusammenarbeit mit dem gleichfalls bekannten Physiker Werner Heisenberg gab, interessierte er sich auch für Wissenschaftsbereiche, die nicht zu seinem Lehrfach gehörten. Hier war vor allem die Berührung mit C. G. Jung ausschlaggebend. Gemeinsam entwickelten beide eine neue Theorie, die ihre beiden »Zuständigkeiten« umfaßte. Physik und Psychologie gingen in dieser Zusammenarbeit so was wie eine Ehe ein. Und jüngste Erkenntnisse aus beiden Gebieten untermauern heute die daraus gewonnenen Annahmen weiter.

Im Rahmen unseres Buches läßt sich dieses wissenschaftliche Gemeinschaftswerk allerdings nur skizzieren. Doch auch, wenn man Jungs und Paulis Arbeit hier lediglich umreißen kann, blitzen Zusammenhänge auf, die uns etwas weiterhelfen können.

Steigen wir nun ein klein wenig darin ein: Während man im wissenschaftlichen Denken sonst gewohnt ist, für jede Wirkung eine Ursache zu suchen, verhält sich dies in der Theorie von Pauli und Jung etwas anders. Dafür ein einfaches Beispiel: Man wirft einen Stein in die Luft und kann anschließend beobachten, wie er herunterfällt.

Vom gängigen physikalischen Standpunkt aus hängt die Wirkung (ein Stein fällt zu Boden) von der Ursache (er wurde von der Kraft des Armes hochgeschleudert und wird nun von der Erdanziehung heruntergeholt) unmittelbar ab. Ursache und Wirkung bedingen einander. Man nennt sowas einen Kausalzusammenhang (von lat. causa = Ursache).

Jung und Pauli sind jedoch zu der Auffassung gekommen, daß unser Universum auch von sogenannten nichtkausalen Vorgängen geprägt ist, die parallel zu der physikalischen Ursache und ihrer Wirkung ablaufen. Für diese Zusammenhänge ist der Begriff der Gleichzeitigkeit entscheidend. Was sich draußen in der Welt abspielt, hat vielfach gleichzeitig (synchron, also zeitlich übereinstimmend) dazu seine Entsprechung in seelischen Vorgängen.

So hat man vielleicht aus Schuldgefühlen oder was auch immer das Gefühl, daß heute noch ein kleines Unglück passiert. Gerade während man es denkt oder nur wenig später, wird man beinahe von einem Auto angefahren. Die mißliche Sache lag sozusagen in der Luft.

Die Ursache des Vorgangs bestand darin, daß man die Bahn des Kraftfahrzeugs unglücklich kreuzte. Die Wirkung war der beinahe passierte Unfall. Genauer: Es blieb ein Schreck, der uns gehörig zugesetzt hat. Er wäre wissenschaftlich meßbar gewesen etwa in der Beschleunigung des Pulsschlags oder der Ausschüttung von Streß-Hormonen. Soweit zu Ursache und Wirkung.

Auf einer anderen Ebene gab es aber noch einen Zusammenhang, der nicht ursächlicher Natur ist. Er hat etwas mit Gleichzeitigkeit zu tun. Während wir ganz bestimmte Gefühle haben und uns vielleicht mit irgendwelchen dunklen Fantasien beschäftigen, passiert etwas gleichzeitig. Zum Beispiel ereignet sich beinahe ein Unfall.

Übertreiben wir die Sache ein wenig, um sie noch anschaulicher zu machen: Eventuell hatte der Autofahrer vorher gerade an einen Kinofilm gedacht, in dem ein anderer Zwischenfall passiert, etwa: Ein Flugzeug stürzt ab. »Zufällig« spielt sich das Ganze noch an einem Freitag, dem 13., ab. Und »zufällig« sind wir am Tag zuvor schweißgebadet aus einem Traum erwacht, in dem wir von einem Auto verfolgt wurden. Und wie merkwürdig: Eine Woche zuvor hat man gerade seine Lebensversicherung erhöht.

Vielleicht sind in diesem Jahr schon einige Mißgeschicke, Pannen oder Unannehmlichkeiten passiert. Und seltsamerweise errechnet man hinterher, daß es sich numerologisch gesehen um ein Schicksalsjahr handelt. Alles ereignet sich vom dahinterliegenden Sinn her in etwa gleichzeitig. In allem steckt ein merkwürdiges Zusammentreffen von Ereignissen, die symbolisch zum Beispiel in bestimmten Zahlen enthalten sein können.

Doch es war nicht die Ursache, daß man gerade an einem Freitag, dem 13., die Straße überquerte, als unvorhergesehen ein Auto um die Ecke gefahren kam. Vielmehr passierte es gleichzeitig. Und weil es zeitlich übereinstimmend, also synchron ablief, kann man das Ganze mit der sogenannten Synchronizitätstheorie von Pauli und Jung in Verbindung bringen. In ihr spielen objektiv zu beobachtende Tatsachen eine Rolle, die sich etwa wissenschaftlich in Ursache und Wirkung beschreiben ließen, mit denen gleichzeitig aber ein Sinn zusammenhängt, der zu dieser Zeit in der Luft liegt. Deswegen wird hier auch von »sinnvollen Zufällen« gesprochen. Es sind keine willkürlichen Zufälle, die irgendwie so passieren, sondern sie machen in der momentanen Situation merkwürdigerweise einen Sinn.

Weil es hier aber nicht um Ursache und Wirkung geht, müssen zum Beispiel bestimmte numerologische Hintergründe nicht zwangsläufig, notwendig und unumgänglich zu bestimmten Resultaten im täglichen Leben führen.

Treffe ich also mit einem Menschen zusammen, der wie ich stark von der Jupiterzahl »3« bestimmt ist, muß sich nicht unbedingt daraus eine starke Sympathie ergeben. Vielleicht haben wir uns nicht einmal viel zu sagen. Es kann zwar so sein, muß aber nicht. Jedoch gibt es hier eine gewisse Wahrscheinlichkeit, und es macht sicher einen »sinnvollen Zufall« aus, wenn dem so ist.

Wenn ich als Junggeselle gerade in einer Wohnung mit der Hausnummer »6« eine erotisch erlebnisreiche Zeit habe, so ist dafür nicht die Zahl als Ursache anzusehen. Vielmehr gibt es eine sinnvolle Übereinstimmung, ein Zusammentreffen auf der Ebene der objektiv zu beobachtenden Tatsachen, wozu auch mein Liebesleben gehört.

Aus diesem Gedanken heraus wäre es auch absurd, sich sklavisch an Vorbedeutungen zu halten, die sich numerologisch errechnen lassen. Vielmehr wird man oft von kleinen Merkwürdigkeiten überrascht sein, die etwas nachdenklich machen. Nicht jede Handlung sollte aber vorher mit Papier und Bleistift durchgerechnet werden, etwa ob man einen netten Menschen nun wirklich näher kennenlernen sollte, nachdem man sein Geburtsdatum kennt oder nicht. Eine offene Haltung wird hingegen neugierig abwarten, in welcher Weise sich etwa der Zahlensinn erfüllt, auch in welchem Maße und in welchem Umfang: Kommen vielleicht mehr negative oder positive Aspekte bzw. Nuancen einer bestimmten Zahl zum Ausdruck? Neigt jemand aufgrund der jupiterhaften »3« zu Größenwahn und Übertreibungen oder zu Großzügigkeit und in sinnvoller Weise hochgesteckten Zielen?

Trifft der Zahlensinn im einen oder anderen Fall aber sozusagen haargenau auf Komma und Strich zu, dann liegt recht eindeutig ein sinnvolles Zusammentreffen vor. Als Erklärung für solche Dinge kann man sicherlich die Synchronizitätstheorie bemühen, die wir jetzt kennengelernt haben. Pauli und Jung haben die hierin dargelegten Zusammenhänge anhand komplizierter physikalischer und psychologischer Modelle abgeleitet, die an dieser Stelle allerdings zu weit führen würden. Begnügen wir uns damit, daß es in der modernen Wissenschaft auch Vorgänge gibt, die sich nicht nur mit Ursache und Wirkung erklären und verstehen lassen.

Es handelt sich um Abläufe, in denen das Wesen des Augenblicks, der Sinn des Geschehens und seelische Hintergründe parallel zu Ursache und Wirkung im gesamten Universum ablaufen. Der »sinnvolle Zufall« begleitet unser Leben genauso, wie es von Ursache und Wirkung bestimmt wird. Ein solches Zusammentreffen, wie es im »sinnvollen Zufall« liegt, bildet auch den Hintergrund von Ereignissen, die numerologisch gesehen wahrscheinlich sind.

Hausnummern, Geburtszahlen, Sympathien, Antipathien, Jahre von schicksalhafter Tragweite — all das ereignet sich in einem solchen Lebensrhythmus. Er wird von Sinn und Symbol geprägt. Zahlen, wie andere Symbolzusammenhänge, bestimmten insofern Alltag und Dasein, als der »sinnvolle Zufall« gestaltend mit allem, was existiert, zusammenhängt. Wir können uns daher auch von unseren Eingebungen ein wenig leiten lassen, unserem Instinkt vertrauen und in diesem Sinne dem Wesen der Zahl nachgehen.

# Die verborgene Zahlenwirklichkeit
## des Namens

Die Zuordnung von Buchstabe und Zahl entspricht einer jahr-
tausendealten Überlieferung. Sie geht auf das hebräische Alphabet zurück, wurde mit Entsprechungen zu griechischen
Buchstaben ergänzt und hat später weitere Veränderungen erlebt. Bei den Juden, für die Buchstabe und Zahl eins waren,
wurde pro Dezimalstelle nur bis acht gezählt, daher kommt in
unserer ersten Tabelle auch keine »Neun« vor. Die moderne Tabelle schließt diese Zahl mit ein. Man kann beide benutzen, für
neuere Namen besser die neue Tabelle.

| | | | | |
|---|---|---|---|---|
| A = 1 | F = 8 | K = 2 | P = 8 | U = 6 |
| B = 2 | G = 3 | L = 3 | Q = 1 | V = 6 |
| C = 3 | H = 5 | M = 4 | R = 2 | W = 6 |
| D = 4 | I = 1 | N = 5 | S = 3 | X = 6 |
| E = 5 | J = 1 | O = 7 | T = 4 | Y = 1 |
| | | | | Z = 7 |

Und nun die zweite Tabelle. Wir werden mit beiden arbeiten.

| | | | | |
|---|---|---|---|---|
| A = 1 | F = 6 | K = 2 | P = 7 | U = 3 |
| B = 2 | G = 7 | L = 3 | Q = 8 | V = 4 |
| C = 3 | H = 8 | M = 4 | R = 9 | W = 5 |
| D = 4 | I = 9 | N = 5 | S = 1 | X = 6 |
| E = 5 | J = 1 | O = 6 | T = 2 | Y = 7 |
| | | | | Z = 8 |

Umlaute wie ä, ü, ö kommen in beiden Tabellen nicht vor. Man
errechnet ihren Wert, indem man aus a + e ein ä bildet, aus u + e

ein ü usw. Desgleichen errechnet man den Wert von ß durch zweimal s.

Und nun mitten hinein in die Praxis! Nehmen wir einen willkürlich gewählten Namen, etwa Hans Martens. Man errechnet durch Addition jeweils die Werte des Vornamens und zieht aus dem Ergebnis die Quersumme. Genauso verfährt man beim Nachnamen und errechnet auch noch die Summe für den gesamten Namen bzw. nimmt auch daraus die Quersumme. Hier nach Tabelle 2:

```
H   a   n   s        M   a   r   t   e   n   s
8 + 1 + 5 + 1        4 + 1 + 9 + 2 + 5 + 5 + 1
= 15 = 1 + 5 = 6     = 27 = 2 + 7 = 9
```

Und aus der Addition der einzelnen Zahlen des gesamten Namens erhalten wir die Summe $15 + 27 = 42 = 4 + 2 = 6$.

Um die erhaltenen Werte richtig deuten zu können, werfen wir nun einen Blick auf eine Deutungstabelle für die Namenscharakteristik:

eins    Ein Blick fürs Ganze ist vorhanden. Man ist dabei zielstrebig, konsequent und meist auch erfolgreich. Ehrgeiz und gute Orientierungsfähigkeit — auch in fremder Umgebung — kommen hinzu. Dazu Pünktlichkeit, gute Zeiteinteilung, ein gutes Gedächtnis. Ich- und Charakterstärke. Schöpferische Kräfte besonders auf technischem Gebiet, Erfindungsreichtum und Gestaltungswille. Schließlich: Selbständigkeit und oft energisches Auftreten.

Aber eventuell auch: autoritäres Gehabe, Auftrumpfen, Rücksichtslosigkeit, mangelnde Anpassungsbereitschaft, Schwierigkeiten, sich einem anderen gegenüber zu öffnen. Gefühlsreaktionen eher in Form temperamentvoller Ausbrüche denn als einfühlsame Anteilnahme.

zwei: Empfängliches Wesen, Sanftheit, starke Gefühlsbetonung. Bestrebt, Versöhnung herbeizuführen, entgegenkommend, schöpferisch begabt durch Aufnahme vielfältiger Eindrücke, friedliebende Grundnatur, die bescheidene Zurückhaltung zeigen kann. Menschen, die gerne auch mit Stärkeren mithalten wollen, von Zeit zu Zeit aber ihre dabei gewonnenen »Wunden lecken« müssen.

Aber eventuell auch: Schwankende Stimmungen, Dinge auf die »lange Bank« schieben, Entscheidungen ausweichen, Zweifel und innere Zwiespälte. Tendenzen zu Unsicherheit, sowohl innerlich, als auch im Auftreten nach außen. Duckmäusertum oder Unterwürfigkeit. Auch Hinterlist aus Unterlegenheitsgefühlen.

drei: Kreativ, entscheidungsfreudig, gesellig. Vielseitige Talente, die darauf angelegt sind, in der Zusammenarbeit mit anderen Menschen noch zu wachsen. Dadurch erfolgreich, lebhaft und lebensklug. Unterstützung eigener Ziele durch starke Ausstrahlungskraft. Glückhafte Natur, Neigung positive Entwicklungen anzuziehen. Dabei starker Ehrgeiz. Ziele oft sehr hochgesteckt.

Aber eventuell auch: zerstreut, fahriges Wesen, Ruhelosigkeit, Konzentrationsmangel, Neigung zu übertriebenen Vorstellungen, Eitelkeit oder »geniale Disziplinlosigkeit«, dann auch übertrieben redselig.

vier: Praktische Begabungen, Ideenreichtum, Organisationstalent, Fähigkeit, sich leicht mit anderen anzufreunden, aber dabei doch natürliche Distanz zu wahren. Stellt im Gespräch schnell Gedankenverbindungen her, setzt Gehörtes und Gelesenes mit solider Fantasie im Arbeitsprozeß ein. Ist fleißig, muß manchmal aber Dinge noch gründlicher durchdenken, um Energien nicht zu verschleißen.

Aber eventuell auch: Nicht wirklich kreativ, da Fantasie oft zu praktisch oder »technisch« ausgerichtet. Ideen aufs Nächstliegende begrenzt, dann fehlender Weitblick. Kann sprunghaft sein, urplötzlich auch abweisend und finster. Niedergeschlagenheit und aufgekratzte Hochstimmung im häufigen Wechsel. Dann viel Mühsal, große Anstrengungen. Verzicht wegen Unausgewogenheit oder aus Überzeugung. Manchmal bewußter Rückzug in Weltentsagung. Niederlagen stellen sich phasenweise ein. Muß manchmal trauern.

fünf: Elastische Geisteshaltung, vielseitiges Wesen, brillante Redebegabung. Geistig orientiert, geschäftstüchtig, risikobereit. Hat Organisations- und Überzeugungstalent. Bewegungstyp mit unterschwelliger Neigung zu nervlicher Angespanntheit. Sucht Erholung auf Reisen, aber auch bei kurzen Spritztouren oder Ausflügen. Zieht eventuell häufig um. Ist von Geschäftigkeit und vielseitigen Aktivitäten geprägt. Sympathisch, bekannt für seine Begabung, schnell Verbindungen zu knüpfen. Ein »guter Makler« — auch zwischenmenschlich.

Aber eventuell auch: Überreizt, übermäßig aufgedreht, launenhaft, labil. Oder: geschwätzig, oberflächlich, zu taktisch im Vorgehen. Dann: undurchsichtig mit »Poker-Gesicht«, mehr tricksend als ehrlich bemüht.

sechs:   Ästhetische Neigungen, Harmoniebetonung, Häuslichkeit. Sucht besonders privates Lebensglück. Auf Ausgleich und Verbindlichkeit bedacht. Freundliche Grundnatur, lustige Art, beschwingte Heiterkeit. Meist zuverlässig und Vertrauen einflößend. Starke Anziehung auf andere. Guter Kamerad, geschwisterliches Verhalten, als Frau auch mütterlich. Idealistische Einstellungen anzutreffen, bei aller Gutherzigkeit aber auch realistisch. Und trotz Frohsinn auch gründlich in der Pflichterfüllung.

Aber eventuell auch: Pantoffelheldentum, Heimchen am Herd, veraltete Vorstellungen vom anderen Geschlecht, Träumerei, Mangel an Organisationstalent und praktischem Geschick, Geschäftstüchtigkeit, wenig Zivilcourage, Genußsüchtigkeit (Nikotin, Alkohol, übermäßiges Essen — je nach Neigung). Auch Klatschsucht (»Treppenhausgespräche« usw.) oder Selbstgefälligkeit.

sieben:   Geheimnisvoll, fantasiebegabt, tiefsinnig. Verkörpert oft Würde (der »Weise Alte«). Nachdenklichkeit, Bildungssinn, hintergründige Gedanken. Neigung zu Mystik und Okkultem, gelegentlich auch »seherische« Fähigkeiten. Im Normalfall: natürliche Intuition, der »sechste Sinn« im Alltag. Interesse für weltanschauliche Fragen. Insgesamt ein philosophischer Einschlag.

Aber eventuell auch: Schwermütig, grüblerisch, düster. Melancholische Haltung kann andere runterziehen. Daher manchmal nicht viele Freunde. Pessimismus, Unnahbarkeit, Mangel an Humor.

acht:   Energiebetont, unermüdlich, willensstark. Besonders widerstandsfähig — auch körperlich. Große Geduld, Ausdauer über lange Strecken, Zähigkeit. Stark im

Wesen. Meist Neigung zur Sparsamkeit und gute Fähigkeiten im Praktischen. Manchmal tiefe Religiosität. Eignet sich als »frommer Siedler« in unwirtlicher Gegend. Dann auch Selbstlosigkeit.

Aber eventuell auch: Eigenbrötlerisch, kühl und reserviert. Wenig Fantasie, geringe Ausstrahlung, materialistisch. Dann oft engherzig, starrsinnig oder auch skrupellos.

neun: Erreicht große Ziele. Ist vorwärtsstrebend und zeigt meist hohen Einsatz. Auch in spiritueller Hinsicht wird oft Großes vollbracht. Hellsichtige Fähigkeiten trainierbar und ausbaufähig, so daß oft ein unterschwelliger Eindruck gewonnen wird, was im nächsten Moment vielleicht ansteht. Dadurch sehr intuitives Wesen, das rein gefühlsmäßig oft die richtigen Entscheidungen trifft. Interesse für Okkultes, sollte — wenn vorhanden — verfeinert und positiv weiterentwickelt werden.

Romantische Neigungen, leidenschaftliche Natur. Als Mann ritterlich, kameradschaftliche Haltung. Ist leicht begeisterungsfähig und begeistert andere auch wenn Langzeitenergie oft besser ausgebildet sein könnte. Die freundschaftliche und temperamentvolle Art macht meist sehr beliebt.

Aber eventuell auch: Aufbrausendes Wesen, Intoleranz, unterdrückt gelegentlich andere. Kann selbstgefällig und egoistisch sein.

Von der »1« bis zur »9« geht unsere Tabelle der einstelligen Zahlen. Im Normalfall werden bei der Untersuchung des Namens alle mehrstelligen Zahlen auf ihre jeweilige Quersumme zurückgeführt. Wenn wir etwas weiter fortgeschritten sind, werden wir allerdings auch mehrstellige (zusammengesetzte) Zahlen zur Deutung hinzuziehen. Vorab ist jedoch im Rahmen der einfachen Deutung noch an zwei Sonderfälle zu denken. Denn die »11« und die »22« — wenn sie auftauchen — werden immer als »11« und »22« gedeutet, ohne daß man sie weiter auf die Quersumme »2« oder »4« zurückführt. Man kann später zwar auch von dieser Regel abweichen, um zusätzliche Hinweise zu bekommen, zunächst sollte man sich jedoch an die genannte Verfahrensweise halten, wenn man die Zahlen von Namen oder Begriffen betrachtet.

Schauen wir uns beide Zahlen noch einmal kurz an, bevor wir zur weiteren Untersuchung der Namenswerte der von uns angenommenen Person Hans Martens kommen.

elf: Hat ähnlich positive Bedeutungen wie die »9«. Bewegt sich aber auf einer höheren geistigen Ebene. Anders als der vorhergehende Typ, der insgesamt robuster und aggressiver ist, starkes Einfühlungsvermögen. Geht einen Weg, der vergleichsweise wenig materiell betont ist. Hat eher spirituelle Interessen und zeigt sich dabei sehr eingebungsfähig. Kommt in seiner geistigen Entwicklung oft sehr zügig voran und beweist große Mitmenschlichkeit. Gedankenstärke kann bis zu einem gewissen Grad »magischer« Ausstrahlung gehen, die unter dem Karma der »11« meist positiv genutzt wird.

Aber eventuell auch: Wankelmütig, weicht Entscheidungen gern aus. Schiebt praktische Notwendigkeiten vor sich her. Kann manchmal auch recht selbstgefällig werden und wird von seinen Mitmenschen dann oft nicht verstanden.

zweiund- Vereinigt Antriebskraft, praktische Fähigkeiten, gute
zwanzig Durchsetzungskraft und höhere spirituelle Begabungen. Es geht hier in gewissem Sinne um »innere« Meisterschaft, die sich allerdings immer wieder beweisen muß. Insbesondere wird vor Mißbrauch der großen

83

praktischen und geistigen Anlagen gewarnt. Vereinigt die positiven Möglichkeiten aus dem Karma der Zahlen von »1« bis »9«.

Aber eventuell auch: Verzicht und Niederlagen — entweder, wenn fehlgeleitet oder aus eigenem Entschluß, wenn Bereitschaft vorhanden, sich für andere zu opfern. Insofern können Menschen dieser Namenszahl es trotz hoher Befähigung oft recht schwer haben.

Sowohl die »11« als auch die »22« soll von einer seelischen Kraft geprägt sein, deren sich die Träger der entsprechenden Namenszahl oftmals gar nicht bewußt sind. Man wundert sich oft über ihre Ausstrahlung und Anziehungskraft und über das hohe Niveau ihrer geistigen Äußerungen. In der Tat wird von Numerologen behauptet, der Pfad gehe hier vom Weltlichen schon ein Stück weg. Ob dem immer so ist, sollten Sie als Leser in jedem Fall ganz nüchtern prüfen. Natürlich kommt es auch vor, daß die hier genannten Eigenschaften in einem abgeschwächten Sinne gelten. In jedem Fall wird es um eine recht außergewöhnliche Persönlichkeit gehen — entweder im Positiven oder im Negativen. Es sind die Sonderfälle unter den Namenszahlen, die wir daher auch gesondert betrachten wollen. Nun aber zum Eingangsbeispiel zurück, welches wir anhand der Namenszahlentabelle im folgenden bewerten wollen:

Hans Martens hatte die Werte »6« für den Vornamen und »9« für den Nachnamen. Zum einen ist es interessant, diese beiden Zahlen hintereinander zu lesen. Daraus ergibt sich, daß Liebe und privates Lebensglück für diesen Menschen eine große Rolle spielen werden. Dabei hat er als Mann wahrscheinlich recht klassische Erwartungen vom anderen Geschlecht. Seine sehr auf Häuslichkeit bezogene Einstellung läßt ihn zunächst nicht allzu sehr über seine vier Wände hinausblicken. Und höhere Werte, denen gegenüber er sich verpflichtet fühlen könnte, gehören anfangs weniger zu seinem mehr auf Behaglichkeit ausgerichteten

Wesen. Irgendwann übernehmen aber wahrscheinlich Schicksalslinien der »9« die Initiative, die man hier als »Familienkarma« bezeichnen könnte.

Hieraus ergibt sich die Bereitschaft, Verantwortung zu tragen und Führung zu übernehmen. Wenn das eintritt, wird Hans Martens sich vielleicht auch geistigen und weltanschaulichen Dingen mehr zuwenden, die gleichfalls in der »9« angelegt sind. Hieraus ergäbe sich ein Persönlichkeitswandel, der für ihn sicher nicht von Nachteil wäre.

Allerdings ist dabei eine Tendenz wahrscheinlich bremsend zu verzeichnen, die sich aus der Quersumme des Gesamtnamens (Vorname plus Familienname) ableitet. Als Wert erhielten wir bei der Ausrechnung in der Tat wieder die »6«. Sie stimmt also mit dem »inneren Namenskarma« überein, wie wir die numerologischen Bedeutungsinhalte des Vornamens jetzt auch nennen wollen (im Gegensatz dazu: das Familienkarma als Deutung des Nachnamens).

Dabei dürfte im Prinzip folgendes gelten: In das Familienkarma wird man hineingeboren. Es stellt einen Anteil an der psychischen Schwingung des Gesamtnamens dar und hat wesentlich damit zu tun, wie man in die Gesellschaft aufgenommen wird. Jedenfalls ergeben sich hieraus wichtige Tendenzen in der Hinsicht. Denn später meldet man sich meist mit seinem Nachnamen am Telefon oder stellt sich mit dem Familiennamen Fremden gegenüber vor. Insofern wirkt das Familienkarma prägend auf das Zurechtkommen in größeren sozialen Gemeinschaften, vor allem aber einmal im Berufsleben. Wenn aus Kindern oder Jugendlichen allmählich Frauen oder Männer werden, setzt sich folglich das Karma des Familiennamens stärker durch.

Dagegen wird ein junger Mensch im Kindergarten oder in der Schule mit seinem Vornamen angeredet. Gerade in den ersten Lebensabschnitten spielt daher das »innere Namenskarma«, wie wir die Bedeutung des Vornamens inzwischen nennen, eine wesentliche Rolle. Dabei ist zu beachten, daß Kosenamen oder

Verkleinerungsformen eine verändernde Wirkung auf Charakter und Schicksal des Namensträgers haben. Wird das Kind im vorliegenden Fall meistens mit »Häschen« angeredet, hat das sogar Einfluß auf die Deutung des Gesamtnamens. Nun ist neu zu rechnen, wobei A-Umlaut mit a und e ausgerechnet werden muß:

```
H a e n s c h e n      M a r t e n s
8+1+5+5+1+3+8+5+5      4+1+9+2+5+5+1
=41=4+1=5              = 27= 2 + 7 = 9
```

Daraus ergibt sich als Quersumme für den Gesamtnamen:

$41 + 27 = 68 = 6 + 8 = 14 = 1 + 4 = 5$. Da außerdem auch Hänschen sich zur Quersumme 5 addiert, bekommt diese Zahl für den jungen Menschen eine genauso prägende Bedeutung, wie es eigentlich die »6« für ihn hätte, würde er regelmäßig mit »Hans« angeredet werden. Das Harmoniebedürfnis der »6« macht anderen Eigenschaften Platz: eine gewisse Geschäftstüchtigkeit und elastische Geisteshaltung der »5«, dazu auch Selbstzucht und Mäßigung der »14« als zweite Quersumme vom Gesamtnamen, die wie auch die erste Quersumme davon — die »68« — ebenfalls die »5« ergibt ($68 = 6 + 8 = 14 = 1 + 4 = 5$).

In mancher Hinsicht könnte manches etwas unharmonischer oder spannungsbetonter in der Jugend des Namensinhabers ablaufen. Daher sollten Eltern sich Kosebezeichnungen und Kurznamen für ihr Kind eigentlich immer gut überlegen.

Spannend wäre es übrigens, wenn Hans Martens später von seiner Ehefrau »Hansi« gerufen würde ($8 + 1 + 5 + 1 + 9 = 24$). In dem Fall hätte also die »6« wieder ihre starke Bedeutung. Außerdem kommt es für einen Menschen — von der Numerologie und Kabbala mal abgesehen — auch noch darauf an, wie Koseformen für ihn klingen. Zum Beispiel kann »Hänschen« einen Jungen für seine eigene Wahrnehmung »kleiner« machen als »Hansi«. Denn die Kurz- oder Koseform auf »i« wird von Jungs ja auch untereinander auf dem Fußballplatz oder sonstwo sehr gerne gebraucht. Man beachte also ganz allgemein neben der Namensberechnung jegliche Klangqualität.

Natürlich haben im übrigen auch zärtlich geflüsterte Worte wie »Schnurzel« oder »Muckel« ihre Bedeutung — jedenfalls dann, wenn es für die Beteiligten vertrauter ist, sie anstatt des eigentlichen Namens zu benutzen. In der Regel dürfte es allerdings so sein, daß sie variieren und daher an Bedeutung abnehmen. Auch wird man den Namensträger doch immer noch sehr oft mit seinem richtigen Vornamen rufen. Je nachdem, wie sehr das eine oder das andere der Fall ist, wird der numerologische Wert für den Kosenamen mit dem Karma der übrigen Namensteile und mit der Deutung des Gesamtnamens zu gewichten sein. Dabei berechnet man Koseworte genauso wie jeden anderen Namen auch.

Schließlich ist zu bedenken, daß zweite und dritte Vornamen, die etwa im Personalausweis stehen, dann keine Bedeutung haben, wenn die betreffende Person nicht damit angesprochen oder gerufen wird.

Ist es jedoch umgekehrt der Fall, dann muß man selbstverständlich Doppelnamen usw. in die Überlegungen mit einbeziehen. Dabei ergeben sich neue Glieder, die in der Hintereinanderfolge etwa über den Entwicklungsweg eines Menschen Aussagen machen können.

Als Beispiel: Herr Martens heißt vielleicht Hans-Joachim und wird vorzugsweise auch so genannt. In dem Fall ergibt sich folgende Rechnung:

```
H  a  n  s     -     J  o  a  c  h  i  m
8+ 1+ 5+ 1
= 15 = 1 + 5 = 6 und:   1 + 6 + 1 + 3 + 8 + 9 + 4  =  32
                        = 3 + 2 = 5
```

Außerdem erhalten wir $15 + 32 = 47 = 4 + 7 = 11 = 1 + 1 = 2$ (für den gesamten Vornamen). Zusätzlich ergibt sich auch für

Vornamen und Nachnamen ein neuer Gesamtwert. Nämlich:
$47 + 27 = 74 = 7 + 4 = 11 = 1 + 1 = 2$.

In der Aufeinanderfolge läßt sich folgendes deuten: Besonders das Kind freut sich an schönen Dingen und hat es gern farbenfroh, geborgen und gemütlich. Außerdem deutet die »6« auf ein großes Bedürfnis nach Streicheleinheiten hin, das durch das empfangende Wesen der »2« noch unterstützt wird. Insgesamt eine starke Gefühlsbetonung. Vielleicht ein Mangel an Durchsetzungskraft. Im späteren Leben wird das durch eine ausgeprägte Intelligenz, wie sie in der »5« beinhaltet ist, ein wenig zurechtgerückt. Der junge Mensch entwickelt Kontakttalente und kann sich in seiner Umgebung gut ausdrücken. Außerdem vermittelt ihm der Sinn, wie er sich aus der »5« ergibt, wahrscheinlich die Begabung, andere zu überzeugen. All das geht eine sehr schöne und innerlich reiche Verbindung mit den gefühlmäßigen Komponenten ein. Wie sich aus dem zweifachen Erscheinen der »2« (als letzte Quersumme des gesamten Vornamens und als Quersumme aus dem Gesamtnamen — Vorname und Familienname) ergibt, wird die Gefühlsbetonung im Wesen von Hans-Joachim Martens wahrscheinlich sehr stark sein und andere Eigenschaften etwas in den Hintergrund verweisen. Man könnte dem Menschen eigentlich grundsätzlich dazu gratulieren. Gleichzeitig wird man ihm aber vielleicht doch auch empfehlen, die körperliche Seite gegenüber Geist und Gefühl nicht zu vernachlässigen. In der Hinsicht wird gegebenenfalls während der Jugend besonders ein Rat an die Eltern empfehlenswert sein, viel Wert auf die sportliche Erziehung ihres Kindes zu legen.

Bei aller Möglichkeit, einen zusammengesetzten Vornamen zu zergliedern und die einzelnen Teile in der Aufeinanderfolge zu analysieren, sollte man jedoch bedenken, daß der Gesamtvorname in der Bewertung des »inneren Namenskarmas« den Hauptausschlag gibt. Und von noch größerer Bedeutung für das Schicksal ist letztlich der volle Vor- und Zuname. Alle anderen Glieder geben eigentlich mehr zusätzlich interessante Aufschlüsse, werfen ein Licht auf Entwicklungen und können die Bewertung des Gesamtnamens etwas differenzieren. Jedoch spielt sich all das vor dem großen Zusammenhang ab, wie er im Karma des Gesamtnamens beinhaltet ist.

Zum Abschluß dieses Kapitels noch eine Bemerkung zu Abkürzungen, wie sie oft in Namenszügen enthalten sind. Würde die in den obigen Zeilen untersuchte Person also mit Hans J. Martens unterschreiben und allgemein für Fremde so bekannt sein, müßte man genau die vorliegende Buchstabenfolge berechnen. Es erscheint dann nur die Zahl für das »J«. Ziffernwerte für die anschließenden Buchstaben des Zweitnamens fallen jetzt weg.

Sie haben sich nun ein wenig in die Materie der Namensbedeutungen eingefunden. Vielleicht werden Sie gleich nach dem ersten Lesen die Namen aller Freunde und Bekannten vornehmen. Haben Sie dabei viel Spaß. Behalten Sie aber im Auge, daß es noch erforderlich sein wird, die hierbei gewonnenen Daten mit dem Geburtsdatum der betreffenden Person zu vergleichen. In Erinnerung an einen vorhergehenden Abschnitt wird das folgende Kapitel sich kurz damit befassen. Es ist für das Gesamtverständnis eines Menschen sehr wichtig. Werfen Sie bei Gelegenheit also unbedingt einen Blick darauf.

Anschließend werden Sie den Rahmen Ihrer Interpretationsmöglichkeiten noch wesentlich erweitern können. Sie werden Rückschlüsse auf Angewohnheiten im Verhalten und auf das Unbewußte eines Namensträgers ziehen können. Freuen Sie sich also darauf, wie sich Ihr numerologisches Verständnis mit der Zeit erweitert.

# Noch mehr
## Deutungsmöglichkeiten

Um dem Wesen der Zahl weitere Gedankenanstöße entlocken zu können, liegt die wesentlichste Möglichkeit darin, Geburtszahl und Namenszahl miteinander zu vergleichen. Vergegenwärtigen Sie sich daher einmal kurz die Ausführungen über das Geburtsdatum aus vorhergehenden Kapiteln des Buches. Um die Vorgehensweise bei einer »kompositorischen« Deutung der nun ineinander übergehenden Gesichtspunkte darzustellen, betrachten wir sodann wieder ein angenommenes Beispiel:

Eine Frau heißt Roswitha Schönberg und wurde am 23. 4. 1959 geboren. Als erstes ergibt sich folgendes Schicksalsdiagramm aus dem Namen:

R o s w i t h a          S c h o e n b e r g

$9+6+1+5+9+2+8+1$          $1+3+8+6+5+5+2+5+9+7$

$= 41 = 4 + 1 = 5$          $= 51 = 5 + 1 = 6$

Und für den Gesamtnamen

$41 + 51 = 92 = 9 + 2 = 11 = 1 + 1 = 2$

Aus dem Geburtsdatum errechnen sich zudem folgende Werte:

Quersumme aus 23    = 5
Monatszahl    = 4
Quersumme aus 1959 $= 24 = 2 + 4 = 6$

Aus der Aufeinanderfolge der Zahlen sowohl im Namen als auch im Geburtsdatum wird ersichtlich, daß der Anfang in der persönlichen Entwicklung dieser Frau von dem Symbol der »5«

beherrscht wird. Man kann daraus folgern, daß sie schon als Kind eine sehr rege Intelligenz entwickelt, kontaktfreudig ist und sich gut auszudrücken lernt. Das gibt ihr wahrscheinlich einen guten Start in der Schule, und sie findet schnell heraus, was für sie nützlich ist. Wenn das Kind mit einem Krämerladen spielt oder Murmeln tauscht, wird es auch schon bald eine Art von »Geschäftstüchtigkeit« erlernen.

Es kann zwar sein, daß Roswitha Schönberg ihre frühen Gaben mehr im Kreis ihrer kleinen Freunde einsetzt, als sie im Ehrgeiz auf Schulnoten zu verwenden. Auf jeden Fall entwickelt sich bereits in sehr jungen Jahren ein wacher Verstand mit guten praktischen Fähigkeiten. Das wird ihr für das weitere Leben ein recht gutes Fundament geben.

Der Zahlenwert aus ihrem Gesamtnamen ist allerdings von der »2« geprägt, was beinhalten könnte, daß sie gelegentlich an sich zweifelt, ein empfindsames Wesen hat und sich nicht immer unbedingt so ganz durchsetzt. Sie muß mit gütiger Hand geführt werden und braucht manchmal auch guten Zuspruch.

In späteren Jahren, vielleicht gerade dann, wenn sie ins Backfischalter kommt, mischt sich dieser Einfluß mit Tendenzen der »4«. Es bedeutet einerseits, daß ein Sinn fürs Praktische verstärkt wird. Andererseits neigt das junge Mädchen vielleicht dazu, etwas aus der Reihe zu tanzen, und manchmal mag sie damit sogar anecken. Insgesamt weist die »4« darauf hin, daß die Betreffende es manchmal etwas schwerhaben könnte, zudem die Sensibilität, die ihr aus der »2« erwächst, verletzbar macht.

Roswitha Schönberg wird sich dadurch entschädigen, daß sie eine ausgeprägte Liebe zu schönen Dingen entwickelt, wie sie dem Sinn der »6« entsprechen (Quersumme des Familienkarmas und Quersumme aus 1959). Sie hat wahrscheinlich viel modischen Sinn, entwickelt womöglich auch kreative Seiten und weiß ihre Fantasie einzusetzen. Oft wird sie sich etwas kaufen, was in erster Linie ihren ästhetischen Bedürfen gerecht wird. Das darf dann auch ruhig etwas mehr kosten und muß nicht immer unbedingt praktisch sein.

Auch häusliche Seiten sind durch das Wesen der »6« betont. Und wahrscheinlich wächst sie in einer kultivierten Umgebung auf, da dieses Karma in ihrem Familiennamen enthalten ist. In späteren Jahren muß es sich um eine rechte Evastochter handeln, die ihre weiblichen Reize ins rechte Licht zu rücken weiß. Eine gewisse Sinnenfreudigkeit, die ein lebhaftes erotisches Interesse beinhaltet, ist eigentlich unverkennbar. Interessanterweise ist nämlich auch die Quersumme ihres gesamten Geburtsdatums eine »6«.

$$2 + 3 + 4 + 1 + 9 + 5 + 9 = 33 = 3 + 3 = 6.$$

All die Charakterseiten, die mit Schönheit, Lebenskultur und venushafter Hinwendung zur Liebe zu tun haben, werden dadurch noch unterstrichen. Sie verbinden sich mit einem reichen Gefühlsleben aus der »2«, von der die Frau allerdings auch Eigenschaften wie eine gewisse Unsicherheit, Launenanfälligkeit und einen Mangel an Entscheidungsfreude empfangen könnte. Dabei wird ein leichter Ausgleich durch Verstandesgaben der »5«, in einem Sinne, wie eingangs besprochen, ganz bestimmt vorhanden sein. Sie sollte dieses Talent mit ihrer Fantasiebegabung verbinden und dabei ihre kreativen Möglichkeiten stärker ausbauen. Künstlerische Hobbys könnten ihr gemäß dem Wesen der »6« seelischen Halt und eine starke innere Befriedigung geben. Hierdurch würde sie auch ihrer Triebkraft außerhalb der körperlichen Ebene ein Betätigungsfeld geben können, in dem sich erotische Sinnenfreude im Geistigen niederschlägt.

Der Weg der Zahl fordert nämlich auch dazu auf, die inneren Energien ständig zu wandeln und auf immer höhere Ebenen zu heben. Das soll heißen: Wenn eine ausgeprägte Sexualität vorhanden ist, wird es gut sein, einem reichen Liebesleben nachzugehen. Gleichzeitig sollte ein Teil dieser seelischen Energie aber auch weiterentwickelt und verfeinert werden. Dabei bietet sich gemäß dem Sinn der »6« gerade eine Wandlung in Richtung künstlerische Betätigung an, in der sich einiges von der Triebkraft auffangen kann. Die Gesamtpersönlichkeit wird dadurch eventuell runder und in sich geschlossener. Auch kann gegebenenfalls sexuellen Abhängigkeiten in der Weise etwas entgegengesteuert werden, die sich aus dem Karma der »6« ergeben mögen.

Uns hat sich bei der Betrachtung des bisherigen Zahlenmaterials der hier angenommenen Person eigentlich schon eine Menge mitgeteilt. Doch wie wir sehen werden, kann man aus den knappen Angaben, wie sie Name und Geburtsdatum darstellen, noch viel mehr entnehmen.

In der Hinsicht wird in der Numerologie immer wieder auf die sogenannte Herzzahl verwiesen. Sie ergibt sich durch Addition der Zahlenwerte, die zu den Selbstlauten, also a, e, o, u, i, gehören. Allgemein heißt es, sie würden auf verborgene Seiten einer Persönlichkeit hinweisen. Mehr noch müssen wir aber meinen, daß es sich hier um unterschwellige Emotionen, das Unbewußte eines Menschen schlechthin handelt.

Zum Deuten und Nachsinnen an dieser Stelle wieder eine kleine Übersicht:

eins: Unbewußte Führungsansprüche, auch verkannte Talente, auf eine Gemeinschaft gestaltend einzuwirken. Im Alltag nicht erkennbare Neigungen, den Willen einzusetzen. Also: unterdrückte Stärke oder noch brachliegende Fähigkeiten. Außerdem entweder versteckter Egoismus oder Gemeinschaftsgeist, der erst noch entwickelt werden muß.

zwei: Unterschwellige Störanfälligkeit. Person wird äußerem Bild der Stärke oft nicht gerecht oder ist viel sensibler, als sie zugibt. Man sollte besonders darauf achten, zu welchen Mondphasen man sich besonders gut fühlt, bei abnehmendem, zunehmendem, Voll- oder Neumond. Entsprechend sind auch die Tiefpunkte daraus erkennbar. Dann keine zu großen Belastungen auf sich nehmen.

drei: Noch nicht entdeckte Kreativität, ungeahnte Möglichkeiten persönlicher Entwicklung, Glück nicht immer äußerlich sichtbar. Statt dessen oft aber innerlich glücklich. Zufriedener Mensch, der Redetalent schulen könnte und noch mehr aus seiner Kontaktbegabung machen sollte. Eventuell aber auch versteckte Überheblichkeit oder nicht sofort erkennbar: Selbstüberschätzung.

vier: Inneres Leiden, das nicht nach außen getragen wird. Macht alles mit sich selbst ab. Sollte sich mehr mitteilen. Andere haben für abweichende Meinungen und ungewöhnlich erscheinende Gefühle oft mehr Verständnis, als man denkt. Eventuell auch: Versteckte praktische Fähigkeiten, besonders auf organisatorischem Gebiet fördern.

fünf: Starker Intellekt wird durch Emotionen überlagert. Auch: der geborene »Tiefstapler«. Könnte seine geistigen Fähigkeiten eigentlich mehr ins rechte Licht setzen. Sollte mehr Mut haben, sich an Gesprächen zu beteiligen und könnte sich auch in geschäftlichen Dingen mehr zutrauen. Intelligenz wird vielleicht in späterem Lebensabschnitt erst richtig erkennbar.

sechs: Verborgene erotische Wünsche. Aber auch: Verdrängungen, Verklemmungen, unerfüllte Sehnsüchte. Gibt sich nach außen eventuell recht kühl und sollte die wirklichen Gedanken mehr mitteilen.

sieben: Depressive Stimmungssituation, kann bei lachendem Gesicht innerlich oft sehr ernst sein. Aber auch ver-

borgener »sechster Sinn«. Handelt oft aus unbewußter Eingebung heraus und sollte seiner positiven Intuition mehr trauen. Wüßte instinktiv eigentlich, was
glücklicher machen könnte.

acht: Verkannter Ehrgeiz, Opfersinn, der oft nicht gewür-
digt wird. Auch Neigung zu verborgenem Kummer.
Zeigt sein manchmal schweres Los nicht gern. Mag
andere nicht belasten. Sollte etwas mehr aus sich
rausgehen und Gefühle mehr zeigen. Wichtig auch:
Etwas mehr Sinn für Äußeres und fürs Ankommen in
der Gemeinschaft zeigen.

neun: Unterschwellige, unterdrückte oder versteckte Aggressionen. Elan, der nicht zur Geltung kommt.
Triebstärke eigentlich mehr betont, als erkennbar.
Sollte sich selbst nicht so vergewaltigen. Wünschens-
wert auch: mehr Mut zum sinnvollen Umgang mit innerer Wut.

elf: »Verkanntes Genie«. Geistige Anlagen, die besser zur
Wirkung kommen sollten. Sinnvoll wäre Beschäftigung mit philosophischen oder religiösen Themen,
auch für Parapsychologie, Wiedergeburt und ähnliche Fragen könnte Interesse geweckt werden. Sollte
sein feines psychologisches Gespür weiterentwickeln.

zweiund-  Innere Stärke, die sich nach außen nicht zu erkennen
zwanzig:  geben braucht. Besitzt viel mehr »Durchblick«, als die
meisten ahnen. Hat oftmals unsichtbar die Fäden in
der Hand. Warnung vor unmoralischen Nutzen aus
dieser Kraft.

Mit dieser Tabelle sind Ihnen als Leser Deutungsmöglichkeiten
anhand gegeben, die Sie aus Ihrem Assoziationsvermögen noch

weiter entwickeln können. Insbesondere dann, wenn Sie die Lektüre des Buches abgeschlossen haben, werden Ihnen wahrscheinlich noch Gedankenverbindungen kommen, die den hier dargestellten Hintergrund der sogenannten Herzzahlen in ihrer Bedeutung für das Unbewußte ergänzen. Denn wichtiger als etwas aus einer Tabelle abzulesen, wird es später einmal sein, eigene Kombinationen herzustellen und die Gedanken laufen zu lassen. Am besten ist es sogar, man bringt sich in einen entspannten Zustand, so etwa zwischen Dämmern, Träumen und Wachen. Dann wird man die Anregungen, die sich aus den Deutungstabellen ergeben, für die individuellen Zusammenhänge des Einzelfalls nutzen können.

Genauso verfahren Sie auch bei der nun folgenden Übersicht: In ihr geht es um Merkmale des äußeren Verhaltens, um Angewohnheiten, um das Auftreten in der Gemeinschaft und um all das, wie ein Mensch sich gibt. Zugrunde liegen diesmal die Mitlaute oder Konsonanten wie l, m, n, s, g, h usw. Wieder sind für die grundlegenden Zahlen Eigenschaften angegeben:

eins: Meist kräftig in der Stimme und bestimmt im Wesen. Weite, großzügige Gesten, ausdrucksvolle Körpersprache. Kann aber auch durch knappe und sparsame Bewegungen eigenen Willen unmißverständlich unterstreichen. Wenn diese innere Kraft nicht in jedem Einzelfall gleichermaßen erkennbar ist, kommt sie irgendwie doch immer wieder durch. Dann gibt es Augenblicke, in denen selbst eine sonst recht unscheinbare Persönlichkeit plötzlich etwas ausstrahlt, was man am besten mit »hoheitsvoll« bezeichnen kann.

zwei: Nach außen geöffnete Gestik, sanfter Gesichtsausdruck, weiche, freundliche Lippen, entgegenkommender Blick. Manchmal aber auch schlechte Körperhaltung, fahrige, nervöse Bewegungen oder macht einen nach innen gekehrten Eindruck. Positives und

negatives Erscheinungsbild insgesamt recht wechsel-
haft.

drei: Wie bei eins oft weitausholende Bewegungen. Arme
selten eng am Körper. Innere Kraft geht hier aber besonders noch mit Witz einher, etwa: Schalk in den
Augen. Meist sehr gerade, aber entspannte Körperhaltung. Trägt Kopf manchmal etwas hoch. Blick
kann dann leicht arrogant wirken. Oft aber auch un-
ruhige Augen oder nervöse Gesten. Vielfach starker
Bewegungsdrang.

vier: Tritt in zwei Erscheinungsformen auf. Ein mehr
schlichter Typ, oft etwas »dünnlippig«, blaß und ein
anderer, der durch ungewöhnliche Kleidung oder ex-
zentrische Gesten auffällt. Beide können einen leicht
gebeugten Rücken haben, so als würden sie ständig
eine schwere Last tragen. Auffällig ist ein meist
freundliches Wesen, das sich aber kaum überschwenglich gibt.

fünf: Sehr bewegliche Augen, oft etwas Listiges im Blick.
Handbewegungen sind dem Gesprächspartner zuge-
kehrt. Ganz allgemein eine sehr auf Verbindung aus-
gerichtete Gestik, mit der Worte lebhaft untermalt
werden. Sucht beim Sprechen oft auch Kontakt durch
leichte Körperberührungen. Gesicht wirkt meist aufgeschlossen. Kann nicht immer gut still sitzen und
braucht eigentlich viel Bewegung. Bringt sich durch
Einfälle und geistige Fähigkeiten leicht in den Vordergrund.

sechs: Elegante Bewegungen. Als Frau meist sehr anmutig
und graziös im Auftreten. Aber auch als Mann recht
runde und irgendwie fließende Bewegungen. Ent-

spanntes Gesicht, kann aber auch schlaff wirken. Meist sehr schöne Körperformen, jedoch auch Neigung zur Fülle. Manchmal ist körperliche Harmonie nicht sofort erkennbar, drückt sich dann in Kleinigkeiten aus oder sucht anderweitig Darstellungsmöglichkeiten, etwa: ein häufiges nettes Lächeln, eine schöne Handschrift oder Geschmack in der Garderobe.

sieben: Nachdenklicher, manchmal träumerischer Blick. Kann gelegentlich abwesend wirken. Bewegungen werden in der Regel geschmeidig sein. Manchmal fehlt Energie, also Nachdruck in der Gestik. Seltener: leichtes Zittern der Hände. Aber oft nach innen gekehrter Brustkorb. Meist sehr entspannte Körperhaltung, was aber auch zu »hängenden Schultern« führen kann. Versucht seine Umgebung durch Intellekt und Fantasie für sich zu gewinnen.

acht: Wirkt entweder recht ernst oder zeigt stark intellektuellen Ausdruck. Körper meist zäh, beim Mann auch sehnige Statur. Etwas knochiger Typ, kann als Frau leicht knabenhaft wirken. Haut ist oft mangelhaft durchblutet, daher blaß. Die Bewegungen sind sparsam, und das gesamte Auftreten wirkt eher zurückhaltend. In der Kleidung dezent. Selten ein Typ, der sich in den Vordergrund spielt.

neun: Starke, ausdrucksvolle Bewegungen. Oft recht aggressive Gestik. Das ganze Wesen wirkt meist konsequent und energievoll, kraftvoller Blick, dem andere manchmal nicht ganz standhalten. Warme, angenehme Stimme. Worte kommen oft so impulsiv, daß sie unter die Haut gehen. Ein Gesamteindruck, dem man sich schlecht entziehen kann. Wirkt gelegentlich aber auch überspannt oder überreizt. Atem oft sehr heftig, starker Bewegungsdrang.

elf: Ebenfalls ausdrucksstarkes Wesen. Temperament jedoch verhaltener als bei »neun«. Kraft hier mehr mit »weichen« Merkmalen durchmischt. Blick kann auch etwas weltentrückt wirken. Oft gütige, warme Augen. Ein Mensch, der eventuell auch einen nach innen gekehrten Eindruck macht.

zweiund- Starkes Auftreten, intensiver Blick, der gelegentlich
zwanzig: sogar einen »hypnotischen« Eindruck macht. Stimme mal sanft, mal kräftig, aber immer irgendwie anziehend. Oft »magnetische« Ausstrahlung in der ganzen Art. Kann dabei aber auch etwas unheimlich wirken. Vereinigt ansonsten eine Menge Merkmale der Typen von »eins« bis »neun«.

Wegen des Deutungshintergrundes, in dem die Summe der Zahlen aus den Mitlauten eines Namens gebraucht wird, sprechen wir sinnvollerweise vom »äußeren Beziehungswert«. Auch er läßt sich in Vor- und Nachnamen untergliedern. Allerdings sollte man sich ganz grundsätzlich davor hüten, zuviel Zahlenaussagen auf einmal zu begutachten. Dadurch kann eine klare Tendenz verschwimmen, oder man empfindet es zumindest am Anfang vielleicht als zu anstrengend, jeweils Vor- und Nachnamen, als auch noch das gesamte Namenskarma auf Herzzahlen und die Zahlenwerte des äußeren Beziehungswertes zu analysieren.

Um zu besseren Differenzierungen zu kommen, wird man es später allerdings wohl vorziehen, sämtliche Werte zu untergliedern. Das wirft eventuell einen Blick auf weitere Entwicklungsetappen in der Persönlichkeit oder läßt auf verdecktere Eigenschaften schließen, die sich nicht auf Anhieb beobachten oder vermuten lassen.

So ist jemand im äußeren Beziehungswert vielleicht von den

Zahlen »8« (Vorname), »5« (Nachname) und »6« (Gesamtname) geprägt. Das kann heißen, daß die entsprechenden Merkmale nacheinander in verschiedenen Entwicklungsabschnitten auftreten. Oder es kann bedeuten, daß der bzw. die Betreffende insgesamt zwar den weichen, runden Charakteristika der »6« entspricht, jedoch mögen diese sich nicht immer gleichermaßen zeigen. Etwa wirkt dieser Mensch in mancher Hinsicht recht schlicht oder sogar hölzern, wie man es nach der »8« meinen sollte, und ist trotzdem mit manchen Eigenschaften von Kontaktmentalität ausgestattet, wie man entsprechend der »5« schließen würde.

Solche Unterscheidungen sind auch noch bei der Herzzahl möglich, was dann ein sehr fein gegliedertes Bild auf die unbewußten Regungen und tieferen Beweggründe werfen kann. Insgesamt ergibt sich hieraus ein Puzzle, das ein um so konturenhaltigeres Bild ergibt, desto mehr Steinchen man hier zusammensetzt. Dabei wird es gut sein, sich anfangs bei der Deutung mehr an Menschen zu halten, die man etwas kennt und deren Wesen man nun mit den meditativen Möglichkeiten der Numerologie noch besser zu verstehen lernt. Irgendwann wird man aber auch versuchen, sein Wissen auf Personen anzuwenden, von denen man gar nichts weiß. Dabei sollte man darauf vorbereitet sein, daß man entweder Verblüffung auslöst, wenn man über die Spuren spricht, auf die die Zahlenwerte verweisen, oder es kann gar der Fall sein, daß der- oder diejenige empört verneint, solche Merkmale zu besitzen.

Man sollte dann sehr fein beobachten und sich darüber im klaren sein, daß bestimmte Eigenschaften eventuell nur recht unterschwellig vorhanden sind. Je reichhaltiger das Puzzle dann jedoch aus vielfältig gegliederten Zahlen zusammengesetzt ist, desto besser wird man sich zu helfen wissen. Allerdings empfiehlt es sich, auch dann kritisch zu überprüfen, ob die Aussagen einen selbst oder andere überzeugen. Sonst würde man sich vielleicht den Vorwurf machen: Irgendeine Eigenschaft aus all den vielen Zahlen wird schon zutreffen. Also, was soll's!

Wenn man richtig liegt, kommt es meistens sofort rüber. Oft spüren Sie eine Art Erregung, und dann wird ein rundum stimmiges Gefühl zu den Aussagen, entweder bei einem selbst oder bei jemandem, mit dem man über die Zahlenbedeutungen spricht, ein wesentlicher Hinweis dafür sein, daß man so etwas wie eine »heiße Spur« verfolgt.

Dabei soll an dieser Stelle noch einmal der Hinweis angebracht sein: Es geht ganz grundsätzlich weniger darum, zu jemandem zu sagen: »Du bist soundso«, auch wenn das oft suggestiv wirkt und manchen Leuten imponiert. Besser ist eine Formulierung wie: »Es gibt bei dir wohl eine Tendenz zu soundso ...« — also ein mehr einfühlendes Verstehen einer Person.

Und auch ohne daß ein Gespräch stattfindet, kommen Sie eventuell zu wertvollen Schlüssen über einen anderen Menschen. Dabei handelt es sich vielleicht um Wesenszüge, die Sie sonst nie in Betracht gezogen oder für möglich gehalten hätten. Aufgrund der neuen Einschätzung wird man aber versuchen, genau diese Merkmale mehr anzusprechen, um einen Beitrag für das gegenseitige Verhältnis zu leisten. Durch ein besonders schönes und liebevoll verpacktes Geschenk für einen Menschen mit der Herzzahl »6« kann man vielleicht etwas mehr Zugang zu ihm gewinnen — auch dann, wenn man bisher gar nicht daran gedacht hätte, daß er kleine nette Gesten zu schätzen weiß. Da kann das Geheimnis der Herzzahl einen sehr guten Dienst erweisen.

Und noch ein Beispiel, wie sich ein sinnvoller Umgang mit den Zahlendeutungen einüben läßt: Ist jemand etwa vom äußeren Beziehungswert »8« geprägt und hat als Herzzahl eine »4«, während die entsprechenden Zahlen bei einem selbst »9« und »6« lauten, so heißt das nicht, daß man diesen Mensch zu meiden hat. Vielmehr sollte man darauf eingerichtet sein, daß er sich äußerlich etwas spröde und zurückhaltend gibt und in erster Linie ein pragmatischer Denker ist. Dann wird man wissen, daß man die eigene Emotionalität im Ausdruck und das innere Schönheitsempfinden, wie man es von sich selbst kennt, bei ihm nicht erwarten sollte. Vielmehr wird man vermuten, hier auf andere positive Merkmale zu treffen, etwa: Zuverlässigkeit, Berechenbarkeit des Handelns, Durchblick oder Verantwortungsgefühl.

Man wird sich nun weniger impulsiv verhalten, wenn man denjenigen für etwas gewinnen will, als vielmehr versuchen, mehr vom Verstand her auf ihn einzugehen und ihn rational zu überzeugen. Eine nüchterne, sachliche Sprache würde dann gut tun und das Entwickeln praktischer Vorstellungen.

So gesehen, erscheint es einigermaßen zweifelhaft, wenn immer wieder behauptet wird, Typen mit diesen oder jenen Nummernwerten passen nicht zusammen. Sie sollten sich aus dem Weg gehen oder werden sich ewig mißverstehen. Richtig ist statt dessen, wenn man annimmt: Die unterschiedlichen Zahlenbedeutungen lassen vermuten, daß man auf genau diesem oder exakt jenem Gebiet mit Schwierigkeiten rechnen könnte, auf die man sich tunlichst vorher ein wenig einrichtet. Mit anderen Worten: Wie werde ich einem Typ mit der Herzzahl »1« am besten begegnen? Wo gibt es Gemeinsamkeiten mit meinem Wesen, wo ergänzen und wo unterscheiden wir uns? Was läßt sich tun, damit unser Verhältnis harmonisch werden kann? All dies sind Dinge, die man individuell durchdenken sollte.

Dabei wird man oft zu überraschenden persönlichen Einsichten kommen und manches an einem Menschen neu verstehen, was man vorher nie so ganz begreifen konnte. Man wird vielen Menschen — auch neuen Bekannten — aufgeschlossener begegnen und sehr gespannt darauf sein, ob die numerologischen Resultate sich im Leben jeweils bestätigen. Wenn ja, kann dies etwas Freude auslösen und dazu ermuntern weiterzumachen. Wenn nicht, sollte man sich auch nicht entmutigen lassen. Denn selbst in den sogenannten exakten Naturwissenschaften glückt nicht jedes Experiment, und ein einigermaßen vernünftiger Geist, der sich mit dem Geheimnis der Zahl beschäftigt, wird ohnehin nicht den Anspruch erheben, irgendeine Wissenschaft zu betreiben. Dennoch tut die innere Haltung eines geduldigen

Experimentators gut, der sorgfältig beobachtet und Freude daran hat abzuwarten, ob seine Annahmen eintreffen oder nicht.

Wichtig ist es auch, eine möglichst übersichtliche Methode zu haben, um die verschiedenen Zahlen, die wir inzwischen kennengelernt haben, zueinander in Beziehung zu setzen und daraus zusätzlich Eindrücke zu gewinnen. Zu diesem Zweck gibt es ein sehr interessantes Diagramm, das leicht zu erstellen ist. Schreiben Sie dazu in Form einer Matrix alle gewonnenen Werte neben- und untereinander. Das Schema sieht jetzt jedesmal so aus:

Zahl, Vorname + Zahl Nachname = Zahl, ganzer Name

Herzzahl, Vorname + Herzzahl Nachname = ganze Herzzahl

Beziehungszahl, Vorname und Beziehungszahl Nachname =
ganze Beziehungszahl

Schreiben Sie darunter dann noch das Geburtsdatum und seine Quersumme. Sehen Sie sich die Zahl des Geburtstags und des Geburtsmonats extra an, und beachten Sie anschließend, welche Buchstaben in einem Namen gehäuft vorkommen. Suchen Sie in Tabelle 1 oder 2 die zugehörige Zahl, und notieren Sie diese, etwa eine »1« für das »A«, eine »5« für »E«.

Nun sehen Sie nach, welche der unter- und nebeneinander geschriebenen Zahlen in dem Diagramm besonders häufig vorkommen, und nehmen Sie dann eine Deutung dieser Zahlen vor. Sie haben eine besondere Aussage für die Persönlichkeit. Mittels der Zahlensymbolik durchdringt man die eigene Psyche oder die eines anderen. Man setzt sich mit dem Seelischen auseinander, und schon hat das einen Wert für sich. Es konzentriert Gedanken darauf, wie man mit sich oder anderen besser umgehen kann. Man wird bemüht, zu »runden«, harmonischen Verhaltensweisen zu kommen und auch die inneren Kräfte mehr miteinander in Einklang zu bringen.

In dem Fall spielt die Fantasie der »7« vielleicht nicht eine so große Rolle für einen selbst, als man nach Interpretation der Zahlenwerte zunächst meint. Jedoch wird man all das in sich etwas anregen, was mit dem Symbol der »7« in Verbindung steht, wozu eben auch Fantasie und die Kraft schöpferischen Träumens gehört.

In einem anderen Fall hat man die »5« in den Zahlenbedeutungen eines guten Freundes vielleicht etwas überbewertet. Doch indem man sich über die Eigenschaften der »5«, wie Intelligenz, Kraft der Rede, Kontaktbegabung und Empfinden fürs Nützliche mit ihm auseinandersetzt, werden selbst all jene entsprechenden Eigenschaften in ihm angesprochen, die vielleicht nur unterschwellig bei ihm vorhanden sein mögen. Durch ein behutsames und umsichtiges Besprechen des numerologischen Diagramms bringt man Saiten zum Schwingen. In der Seele des anderen wird etwas in Bewegung gesetzt. Symbole sind insofern sehr mächtig.

Nach diesen grundlegenden Gedanken sollte man sich jetzt noch mal mit einem tiefer gehenden Deutungsbeispiel beschäftigen. Hierzu wieder der Name

```
R  o  s  w  i  t  h  a     S  c  h  o  e  n  b  e  r  g
6+   9+   1+            6+5+       5        = 32
```

Die Herzzahl ist also eine »5«. Der Blick auf die Übersicht der Deutungsmuster sagt, daß hier intellektuelle Anlagen durch ein intensives Gefühlsleben überlagert werden. Aus der Untersuchung der einfachen Namenszahlen wissen wir noch, daß eine emotionale Betonung aufgrund der Sinnaussage der »6« wahrscheinlich ist (Karma des Nachnamens). Und interessanterweise tauchte die »6« ja auch in der Jahreszahl (1959) des angenommenen Geburtsdatums auf.

Noch spannender werden die Querverbindungen aber, wenn man sich vergegenwärtigt, daß als Geburtstag ein 23. (Quersumme = 5) zugrundegelegt wurde. Denn jetzt läßt sich kombinieren, daß die in einem wahrscheinlich recht frühen Alter erworbenen Verstandesgaben der »5« einmal mehr durch träumerische und dem Schönen geöffnete Seiten überlagert wurden, unterschwellig aber dennoch ein recht lebhaftes intellektuelles Interesse, ein Appetit auf stärkere geistige Betätigung schlummert. Herzzahl und Tageszahl der Geburt bestätigen einander hier.

Man könnte der Namensinhaberin empfehlen, Herz und Verstand mehr in Einklang zu bringen und auch dafür Sorge zu tragen, die guten geistigen Talente nicht so sehr unter den Scheffel zu stellen. Vielleicht wird sie in Gesprächen dann mehr aus sich rauskommen und geradezu von sich überrascht sein, wie gut sie es lernt, andere zu überzeugen.

In der Hinsicht kann womöglich die äußere Beziehungszahl mehr Aufschluß geben. Betrachten wir also die Addition der Mitlaute:

```
R o s w i t h a      S c h o e n b e r g
9+  1+5+  2+8+        1+3+8+ 5+2+ 9+7 = 60 =
                      6+0 = 6
```

Und wieder tritt die »6« in Erscheinung!

Wären wir an dieser Stelle auf den Wert »5« gekommen oder auf einen für die Ausdruckskraft im Gespräch ebenfalls interessanten Wert wie »1« oder »9« (beachte: Mimik und Körpersprache), so hätten sich von daher schon gute Möglichkeiten ergeben, die versteckten Kräfte der Herzzahl »5« wie scharfsinnige Formulierungskunst oder gute Überzeugungsfähigkeit etwa auch im kaufmännischen Sinne mehr an den Tag zu bringen. So jedoch kommt das Wesen der »6« im äußeren Auftreten noch mehr zur Geltung.

Es wird für Roswitha Schönberg also darauf ankommen, sich nicht nur kultiviert zu geben und ihren ausgeprägten Geschmack zu offenbaren, sondern hier und da auch merken zu lassen, wie sehr beschlagen sie auch ist. Sie wird also dann ihre ganze Persönlichkeit mehr entfaltet haben, wenn sie ein wenig dem Sinn der »5« nachgegangen ist und davon das eine oder andere nach außen kommen läßt.

Übrigens gibt es bei diesem Beispiel auch Deutungsmöglichkeiten, die auf kleine negative Eigenschaften hinweisen könnten, wie sie bei jedem — ist man doch nur Mensch unter Menschen — vorhanden sind. Dann läßt sich die Herzzahl »5« — besonders im Zusammenhang mit dem äußeren Beziehungswert »6« — auch so verstehen, daß hinter mancher Betonung von Harmonie im Auftreten, vielleicht auch hinter Kunstsinn und Gefälligkeit im äußeren Wesen, ein recht kühler Verstand steckt, der im Extremfall sogar berechnend sein könnte.

Bespricht man mit jemanden eine solche Möglichkeit, kommt es natürlich darauf an, sich eher feinfühlig auszudrücken und sein Gegenüber nicht zu verletzen. Noch mehr gilt die Notwendigkeit, den hier angedeuteten Zusammenhang mehr negativer Natur mit viel Umsicht in der Sprache anzugehen, wenn man sich mit jemandem über einen »Dritten« auseinandersetzt. Denn man will ja durch den Hintersinn der Zahlen zu mehr Verständnis und Aufeinanderzugehen beitragen, nicht aber Mißtrauen stiften.

Dies wird von manchen außer acht gelassen, die sich mit solchen Dingen beschäftigen, was dann meistens auch dazu führt, daß die Umgebung verständnislos oder gar aggressiv auf die Beschäftigung mit solchen Fragen reagiert. Der richtige Tonfall und Zungenschlag wird hingegen Interesse auf ein interessantes Hobby lenken, dem man hier nachgeht. Übrigens empfiehlt es sich auch, einigermaßen sensibel dafür zu sein, wie empfänglich dieser oder jener Gesprächspartner überhaupt für die Thematik ist. Denn wir dürfen nicht vergessen: Es handelt sich zwar um ein altes Wissen um Symbole und Bedeutungen. Dennoch ist die Beschäftigung breiterer Kreise damit für unser naturwissenschaftliches Zeitalter eine relativ neue Sache. Viele müssen sich erst mühsam damit vertraut machen, daß an den Aussagen der Numerologie, der Astrologie und was es aus der Geschichte nicht alles gibt, doch etwas dran sein könnte. Es ist also richtig, sich immer etwas davon zu überzeugen, ob jemand solchen Dingen gegenüber möglicherweise etwas geöffnet sein könnte und entsprechend aufgeschlossen reagiert.

# Namen und Zahlen
## aus der Geschichte

Sicher ist es immer am interessantesten, wenn man sich mit Zahlen, Namen und Daten aus seiner persönlichen Umgebung auseinandersetzt. Doch das ganze numerologische Denken wird einem selbst eigentlich um so plausibler, je mehr man auch mal Persönlichkeiten aus Geschichte oder öffentlichem Leben daraufhin anschaut.

Aus diesem Grunde wird sich das Buch jetzt mit entsprechenden Deutungen beschäftigen, die zum Teil übrigens in der numerologischen Literatur schon Allgemeingut geworden sind.

Gehen wir zunächst wieder rund zweitausend Jahre in unserer Zeitrechnung zurück und betrachten das Jahr 37 n. Chr.

In jenem Jahr wurde ein übler römischer Despot geboren.

```
L   u   c   i   u   s       D   o   m   i   t   i   u   s
3 + 6 + 3 + 1 + 6 + 3 +     4 + 7 + 4 + 1 + 4 + 1 + 6 + 3 =
                                52 = 5 + 2 = 7


A   h   e   n   o   b   a   r   b   u   s
1 + 5 + 5 + 5 + 7 + 2 + 1 + 2 + 2 + 6 + 3 = 39 = 3 + 9 =
                                    12 = 1 + 2 = 3
```

(Tab. 1) Seinem Beispiel hat sich der Numerologe Jules Silver in seinem Buch »Numerologie, Ihre Glückszahlen. Eine Kabbala des 20. Jahrhunderts« gleich mehrfach gewidmet. Ahenobarbus hieß — wir erinnern uns vielleicht an ein vorhergehendes Kapitel — später Nero. Betrachten wir nun einmal, wie sich der Geburtsname deuten läßt und welche Konsequenzen sich aus der

Namensänderung ergeben. Wichtig ist für unsere Untersuchung auch noch die Quersumme des Gesamtnamens, die sich aus 52 + 39 ergibt, wobei man den Wert 91 erhält, entsprechend $9 + 1 = 10 = 1 + 0 = 1$.

Zunächst ließe sich darauf schließen, daß es hier ganz neutral gesehen um eine sehr starke Persönlichkeit geht, wie es im Wesen der »1« zum Ausdruck kommt, die interessanterweise auch als Quersumme des späteren Namens Nero auftaucht. Aus der Geschichte wissen wir aber, daß es sich hier um einen der grausamsten und schrecklichsten Tyrannen des alten Roms gehandelt hat. Vor diesem Hintergrund muß man naturgegeben den Namen anders interpretieren, als man es sonst tun würde. Doch wie würde man eigentlich verfahren, wenn man keine geschichtlichen Anhaltspunkte hätte, die etwa einen Rückschluß darauf zulassen, ob das Wesen der »1« hier positiv oder negativ zu bewerten ist? Desgleichen stellt sich die Frage: Wie deutet man ganz unvoreingenommen die »7«, die sich als letzte Quersumme aus den Vornamen ergibt und wie ist hier der Sinn der »3« (als letzte Quersumme aus dem Familiennamen) zu verstehen?

Zum Glück bietet sich im vorliegenden Fall eine kleine Erklärungsbrücke an, die mit einiger Fantasie und Intuition weiterhilft.

So kann man den Vornamen, um tieferen Einblick zu gewinnen, noch weiter untergliedern. Für Lucius erhält man dann die Quersumme 22. Dieser Zahl werden besonders starke Kräfte zugeschrieben, vor deren Mißbrauch gewarnt wird (vergl. Übersicht). Es handelt sich hier im Grunde oft um eine Gratwanderung zwischen »innerer Meisterschaft« und dem Sturz in finstere Schicksalsniederungen, die mit unheilvollem Gebrauch von Macht zu tun haben. Nur wenige sind gegen die Versuchungen, die hier entstehen, gefeit. Und gerade dann, wenn ein menschliches Wesen in ein Ausmaß von weltlichem Einfluß hineingeboren wird, wie es bei dem römischen Kaiser der Fall war, wird es schwer sein, die übermäßige Kraft des Karmas recht zu gebrauchen.

Das Schicksal des Nero spielte sich zudem vor dem doch teilweise recht blutrünstigen Hintergrund der römischen Geschichte mit ihren Gladiatorenkämpfen und Christenverfolgungen ab. Gerade letzterer Bereich von Untaten hörte ja erst mit Kaiser Konstantin auf, der sich mit dem stark gewordenen Christentum verbündete und im spätrömischen Reich die Verbindung von weltlicher und kirchlicher Macht einleitete.

Das zweifache Erscheinen der »1« als Endwert des gesamten ursprünglichen Namens und auch als Quersumme des Kaisernamens Nero verstärkt den Eindruck übermäßiger Kraft. Zudem erhält man als Herzzahl aus Nero den Wert für e und o, nämlich $5 + 7 = 12 = 1 + 2 = 3$. In diesem Falle drückt die »3« einen besonders starken Entfaltungswillen aus (vergl. essentielle Zahlen: Jupiter). Das Charakteristische verweist in diesem Sinne auf Ausbreitung gesellschaftlicher Macht, auf einen extremen Behauptungswillen und auch auf überzogene Ansprüche.

Wie in einem Dampfkessel entsteht insgesamt ein Überdruck an Energie, der geeigneter Ventile und einer klaren moralischen Lenkung bedürfte.

Und auch wenn man den sprachgeschichtlichen Ursprung des Beinamens Nero betrachtet, verstärkt sich der Eindruck von Übermaß und überbordender Kraft. Er ergibt sich aus dem Sabinischen, einer Sprache des vorlateinischen Kulturkreises. Im späteren römischen Gebrauch wird er als *fortis ac strenuus* gedeutet, was soviel heißt wie stark und kräftig.

Sicher hätte der Sinn des Namens auch eine positive Persönlichkeitsentwicklung zugelassen, jedoch hätte dieser Mensch dann wahrscheinlich in eine andere Zeit und eine andere Umwelt hineingeboren werden müssen.

Um Macht und Aufstieg, Niedergang und Tod geht es auch in einem anderen geschichtlichen Beispiel, dessen Deutung übrigens schon auf Cheiro zurückgehen soll.

Am 15. 8. 1769 wurde auf Korsika ein Mensch von welterschütterndem Einfluß geboren, der in der Zeit nach der Französischen Revolution als Offizier wie kaum ein anderer glänzenden Ruhm erwarb und alsbald zum Kaiser Frankreichs gekrönt wurde. Interessant übrigens, daß in seinem Lebensweg eine zwar geringfügige, aber dennoch entscheidende Namensänderung stattfand.

Er hieß zunächst Napoleon Buonaparte, woraus sich die numerologische Addition $5 + 1 + 8 + 7 + 3 + 5 + 7 + 5 + 2 + 6 + 7 + 5 + 1 + 8 + 1 + 2 + 4 + 5 = 82 = 8 + 2 = 10 = 1 + 0 = 1$ ergibt. Wer nachrechnet, erhält als Werte für Vor- und Nachnamen außerdem jeweils eine »5«. Wieder begegnen wir der »1« als sonnenhafter Zahl des zentralen Weltprinzips von Kraft und Einfluß, hier unterstützt von intelligenter Beweglichkeit aus dem Wesen der »5«. Und wieder wird das ohnehin bereits starke Namenskarma aus der Geburtszahl aufgeladen. Denn auch ihre letztendliche Quersumme ist eine »1«. Erneut läßt sich ein Bild übergroßer Energie vermuten.

Durch Änderung nur eines Buchstabens im Familiennamen, nämlich durch Weglassen des »u« in Buonaparte, entsteht aus dieser Grundrichtung im weiteren Leben des französischen Herrschers außerdem eine — wie noch zu sehen ist, fatale Sinnentwicklung im persönlichen Karma.

Der Familienname ändert sich zur saturnischen »8« (Prinzip der Begrenzung und Entbehrung, Verzicht, Verlust, Widerstand). Ganz grundsätzlich hätte dies sicher einen sinnvollen Ausgleich darstellen können, der dem Überfluß an Kraft vielleicht eine natürliche Begrenzung verliehen hätte. Doch sehen wir es im Zusammenhang mit dem Gesamtnamen, der nun die Zahl 76 ($= 7 + 6 = 13 = 1 + 3$) $= 4$ als Quersumme erhält.

Das Saturnmerkmal »8« wird jetzt durch die »4« (hier im Sinne von »ein Kreuz tragen«) in eine vergleichsweise schicksalsschwere Richtung gelenkt. (Man bedenke: das Kreuz als Symbol seiner vier Endpunkte, Ausdruck der »4«). Wie an anderer Stelle bereits erwähnt, wird das gemeinsame Auftauchen von »8« und »4« in der numerologischen Tradition immer als einigermaßen problematisch gewertet, so daß eine ausgleichende Arbeit an der seelischen Entwicklung des so vom Schicksal Geprägten dringend vonnöten erschiene.

Gleichzeitig ist die letzte, aus einer zweistelligen Zahl bestehende Quersumme des Gesamtnamens eine »13«, im Tarot mit der Bedeutung »der Tod« versehen. »Und mit gewaltig schwingender Sense« kündigten sich Tod und Verlust den Völkern Europas durch das Nahen der napoleonischen Truppen an. Mehr noch, schleppten sich später die zu kärglichen Resten dezimierten Heere des französischen Kaisers durch Kälte, Hunger und Krankheit. Von seinem Exil auf Elba zum Kontinent zurückgekehrt, hielt er die Welt noch einmal in Atem, bis er trotz Aufbietung der letzten Reserven an Mannen, Mittel und Moral in der Schlacht von Waterloo die endgültige Niederlage erlitt und anschließend auf die Insel St. Helena verbannt wurde. Hier war ihm schließlich ein tragisches Ende in Krankheit und Einsamkeit beschieden.

Eine historische Persönlichkeit, deren Leben von glücklicheren Umständen geprägt war und der es vergönnt sein sollte, friedvollere Einflüsse in die Welt zu tragen, war Martin Luther. Betrachten wir sein Karmagramm.

Für den Vornamen ergeben sich die Werte $4 + 1 + 2 + 4 + 1 + 5 = 17 = 1 + 7 = 8$. Die Addition der Zahlen des Nachnamens ergibt $3 + 6 + 4 + 5 + 5 + 2 = 25 = 2 + 5 = 7$. Rechnet man die Werte von Vor- und Familiennamen zusammen, so erhält man $17 + 25 = 42 = 4 + 2 = 6$.

Hieraus wird sinnfällig, daß Luthers Leben anfangs mit manchen Einschränkungen zu tun hatte, wie sie der saturnischen »8« entsprechen. Es bezieht sich auf sein Dasein als Mönch und die damit einhergehende Lebenshaltung. Genauso kann man diesen Zahlenwert aber wohl auch mit dem Konflikt zu Papst und Kirche in Verbindung bringen und mit der daraus sich ergebenden Notwendigkeit, sich dem Zugriff der dem Katholizismus verpflichteten Obrigkeit zu entziehen.

Interessanterweise ist die zweistellige Quersumme aus dem Vornamen eine »17«. Nach Kissener weist diese Zahl auf Wahrheit, Glaube, Hoffnung hin, Begriffe, die eng mit dem reformatorischen Werk Luthers verknüpft sind. Man denke an das Aufbegehren gegen die Ablaßbriefe, an die Gläubigkeit Luthers und an seine lange Zeit vorhandene Hoffnung, sich mit der päpstlichen Kurie in einem sinnvollen Dialog auseinandersetzen zu können. Und schließlich die Hoffnung, die in der Reformation gedanklich angelegt ist und zum Entstehen einer neuen Konfession geführt hat.

Blickt man auf den Familiennamen, so bietet sich auch hier eine zweistellige Quersumme, die einige Gedanken lohnt. Nach Cheiro ist sie eine Zahl, die sich in wichtigen Etappen markiert. Allerdings seien Entwicklung und Erfahrung nötig, um die eigentlichen geistigen Kräfte zu entwickeln. Und sie ist wohl auch ein Hinweis auf den inneren Widerspruch, sowohl im Handeln als auch im Denken.

Es ist in diesem Zusammenhang sicher nicht uninteressant, daß Luthers Rolle zu den Bauern, die sich von Fron und Ausbeutung befreien wollten, umstritten ist. So gibt es eine Auffassung unter Historikern, die dem Reformator vorwerfen, er habe hier als Hoffnungsträger der unterdrückten Menschen enttäuscht, sich mehr noch gegen die Bauern gestellt. Dies mag insofern ein unglückliches Licht auf einen Teil der historischen Figur Luthers werfen. Sein Gesamtwerk aber dürfte dennoch geistiger Freiheit gedient und kirchengeschichtliche Impulse von unvergänglicher Bedeutung hinterlassen haben. Sie kommen in der letzten Quersumme des Nachnamens, einer »7« zum Ausdruck.

Ein abschließender Blick auf den Wert des Gesamtnamens, der sich aus 17 + 25 = 42 = 4 + 2 = 6 ergibt. Die »42« ist bei Cheiro dem Sinn nach glückhaft, freundlich, die eine Protektion durch Höhergestellte nicht ausschließt. Und eben dies geschah Luther durch Friedrich den Weisen, der ihm auf der Wartburg seine Bibelübersetzung ermöglichte. Bleibt noch die »6«, die als numerologische Aussage des Gesamtnamens auf die Vereinigung von Größe und Stärke, die starke Anziehungskraft auf andere, aber auch auf die Suche nach privatem Lebensglück und Genußsüchtigkeit hindeutet. Ganz sicher: Ohne diese Eigenschaften wäre Luther nicht der Reformator geworden, als den wir ihn kennen. Hier schwingt auch das Derbe in Luthers Sprache mit, jenes dem »Volke aufs Maul schauen«, das ihn in seiner Zeit und darüber hinaus populär gemacht hat.

Zum Abschluß des kleinen Exkurses wird für Sie als Leser sicherlich ein Verhältnis von Namen und Zahlen interessant sein, das von einer numerologischen Betrachtungsweise, wie wir sie bisher kennengelernt haben, abweicht. Kissener berichtet in dem Zusammenhang über einen Aufsatz von Dr. h. c. Werner Zimmermann in der Zeitschrift »Zu freien Ufern«, 1964, 14. Jahrgang.

Es geht hierbei um die amerikanischen Präsidenten Lincoln und Kennedy. Beide haben sich eindringlich um Fragen des Zivilrechts gekümmert, wobei es dem einen wie dem anderen wesentlich um die Gleichberechtigung der Farbigen ging. Dabei ereignete sich eine merkwürdige Übereinstimmung der Vorgänge. Zitat: »Lincolns Wahl erfolgte im Jahre 1860, Kennedys Wahl im Jahre 1960. Beide Präsidenten wurden von hinten erschossen. Beide Attentäter trafen den Kopf ihrer Opfer.«

Es geht weiter und wirkt beinah unheimlich: Ihre jeweiligen Nachfolger trugen den Namen Johnson und waren Demokraten aus den Südstaaten. »Andrew Johnson wurde 1806, Lyndon B. Johnson 1906 geboren. John Wilkes Booth, der Lincoln erschoß, wurde 1839 geboren, Lee Harvey Oswald, Kennedys vermutlicher Mörder, wurde 1939 geboren.« Gemeinsam war beiden Tätern, daß sie Südstaatler waren und sich mit obskuren Ideologien beschäftigten. Darüber hinaus wurde sowohl Booth, als auch Oswald ermordet, ehe es zum Prozeß kam.

Sowohl Lincoln als auch Kennedy wurden an einem Freitag, jeweils in Gegenwart ihrer Frauen getötet. Doch damit nicht genug: »Lincolns Sekretär hieß Kennedy und riet dem Präsidenten von dem fatalen Theaterbesuch ab. Kennedys Sekretär hieß Lincoln und riet Kennedy vom schicksalsschweren Besuch der

Stadt Dallas ab. Booth ermordete Lincoln in einem Theater und flüchtete in ein Lagerdepot. Oswald feuerte die Schüsse auf Kennedy aus einem Lagerdepot ab und flüchtete in ein Lichtspieltheater.«

Numerologisch schließlich interessant: Die Namen Lincoln und Kennedy bestehen jeweils aus sieben Buchstaben, während Vor- und Zunamen bei John Wilkes Booth und Lee Harvey Oswald jeweils fünfzehn Buchstaben ergeben. Man mag sich dabei zu den wildesten Spekulationen eingeladen fühlen oder ganz schlicht von »sinnvollen Zufällen« im Sinne von Pauli und Jung sprechen (s. S. 71 ff.). Wie auch immer, werden die hier geschilderten Begebenheiten doch etwas nachdenklich stimmen.

# *Jedes Ding hat seine Zahl*

Wie sich die Möglichkeit bietet, Namen und Geburtsdaten auf den Sinn der Zahl hin zu untersuchen, läßt sich auch jeder gegenständliche und abstrakte Begriff, ja jedes Wort auf etwas hin untersuchen, das man vielleicht als »innere Schwingung« bezeichnen kann. Hierzu eingangs einige sehr einfache Beispiele:

Ein Begriff, der nicht nur im praktischen Leben, sondern auch in der Mystik eine sehr wesentliche Bedeutung hat, ist das

$$L \quad i \quad c \quad h \quad t$$
$$3 + 1 + 3 + 5 + 4 = 16$$

(Tabelle 1) Es besteht eine Gedankenverbindung zu einem ebenso geläufigen Wort, und zwar zu dem Adjektiv

$$h \quad e \quad l \quad l$$
$$5 + 5 + 3 + 3 = 16$$

Wie zu erkennen ist, ergeben sich in der Addition genau gleiche Werte. Und im Tarot ist die 16. Karte ein vom Blitz getroffener Turm. Hier wird offenbar auf die zerstörerischen Eigenschaften von Energie reflektiert. Licht (ein Blitz), der den Turm (die Persönlichkeit eines Menschen) vernichten kann. Andererseits ist die Quersumme aus »16« eine »7«, unter anderem Zahl des Sieges. Auch Licht und Sieg stehen in einer gewissen gedanklichen Verbindung. Offenbar kommen hier die beiden Seiten des Lichtes zum Ausdruck.

Wer sucht, der findet noch mehr sinnvolle Zusammenhänge. So ergibt sich beim Gedanken an das Wort

```
w   e   r   d   e   n
6+ 5+ 2+ 4+ 5+ 5 = 27
```

eine Verbindung zum Schaffen oder Geschaffenen. Die Fremdworte hierfür sind

```
k   r   e   i   e   r   e   n
2+ 2+ 5+ 1+ 5+ 2+ 5+ 5 = 27
```
und
```
K   r   e   a   t   i   o   n
2+ 2+ 5+ 1+ 4+ 1+ 7+ 5 = 27.
```

Bei Cheiro findet sich im Zusammenhang mit der Zahl 27 unter anderem ein Hinweis auf »schöpferische Leistungen«. Bemerkenswert dürfte es auch sein, daß sowohl das Verb »kreieren«, als auch das Substantiv »Kreation« den numerologischen Wert »27« hat. Und recht merkwürdig will es scheinen, daß eigentlich eine ganze Reihe von Begriffen mit dem gleichen oder ähnlichen Wortstamm auf ein und denselben Zahlenwert kommen. Zum Beispiel

```
P   s   y   c   h   o   l   o   g   i   e
8 + 3 + 1 + 3 + 5 + 7 + 3 + 7 + 3 + 1 + 5 = 46
```
und
```
P   s   y   c   h   o   a   n   a   l   y   s   e
8 + 3 + 1 + 3 + 5 + 7 + 1 + 5 + 1 + 3 + 1 + 3 + 5 = 46.
```

Man kann manchmal außerdem sinnhafte Übereinstimmungen zwischen bestimmten Themen und Personen finden, die mit ihnen in Verbindung gebracht werden. Bleiben wir bei der Psychoanalyse: Sigmund Freud als ihr Urvater kommt für Vor- und Zuname auf den Wert $3 + 1 + 3 + 4 + 6 + 5 + 4 + 8 + 2 + 5 + 6 + 4 = 51 = 5 + 1 = 6$. Man bedenke, daß die »6« im wesentlichen die Zahl der Sexualität ist. Und Freud war es, der entgegen den herrschenden Strömungen seiner Zeit das Tabu der Sexualität brach, sie zum Gegenstand seiner Betrachtungen machte.

So ist die Psychoanalyse bei Freud in erster Linie auch auf die Untersuchung des Triebgeschehens ausgerichtet, in gewisser Weise sogar auf diesen Blickwinkel eingeengt. Das Triebleben spielt hier die zentrale Rolle. Seither hat sich die Analyse, das therapeutische Denken, ja die ganze Psychologie weiterentwickelt.

Das Sexuelle ist nunmehr nur noch ein wichtiges Thema unter anderen. Und der Gedanke der Weiterentwicklung mag sich schon ein wenig in dem Namen seines Schülers Carl Gustav Jung angedeutet haben.

Erinnern wir uns an das Kapitel über wissenschaftliche Bezüge, mit denen man die Numerologie eventuell in Verbindung bringen kann. Dort findet sich der Hinweis auf Jungs Forschungsarbeit im Zusammenhang mit Märchen Mythen und Sagen. Aufgrund der ähnlichen Elemente, die sich thematisch in den verschiedensten Kulturen ständig wiederholen, hat Jung auf das Vorhandensein eines kollektiven, uns allen gemeinsamen Unbewußten geschlossen. Es war die Offenbarung des Mystischen, die diesen Psychologen ganz besonders interessierte. Errechnet man nun den Wert für seinen Gesamtnamen, so ergibt sich $3 + 1 + 2 + 3 + 3 + 6 + 3 + 4 + 1 + 6 + 1 + 6 + 5 + 3 = 47 = 4 + 7 = 11$. Hinter dieser letzten Quersumme verbirgt sich das Schlüsselwort »Offenbarung«. Es geht um den Visionär, »dessen Gedanken nicht strikt dem Materiellen folgen«. So war Jung ein Psychologe, der sich auch mit mystischen Fragen beschäftigte, mit den Dingen, die — wie es uns scheint — hinter den materiellen Erscheinungen dieser Welt liegen.

Liegt nicht auch in Hinsicht auf Jungs Zahl und sein Wirken einer jener »sinnvollen Zufälle« vor, mit denen er sich beschäftigt hat? Denkt man darüber hinaus an so frappierende Übereinstimmungen wie bei »Licht« und »hell«, drängt sich fast noch eine andere Vermutung auf.

Sprache ist sicher nicht aus irgendeinem ungreifbaren Nebel entstanden oder Produkt willkürlicher Erfindungsgabe des Menschen. Erste Laute haben sich vielmehr wahrscheinlich in einer ganz bestimmten neuronalen (die Nervenzellen betreffenden) Ordnung gebildet, in der Psyche und Organismus auf spezifische Wahrnehmungsmuster reagierten. Ebenso, läßt sich spekulieren, wurde der Aufbau des Alphabets nicht einfach konstruiert — gleichsam in einer ruhigen Minute irgendwie von jemandem ausgedacht — sondern vielmehr lenkte das Unbewußte die Menschen wahrscheinlich, ihre Buchstaben in eine ganz bestimmte Reihenfolge zu bringen. Und da bei den Hebräern Zahlen und Buchstaben identisch waren, mag sich diese Anordnung mit eben jenen angenommenen Zusammenhängen zwischen Wahrnehmungsreiz und nervlicher Reaktion in einer gewissen Übereinstimmung befunden haben.

In diesem Sinne ist es vielleicht nicht übertrieben von »nervlichen Reaktionsrunen« zu sprechen, die eine sprachliche Urstruktur gebildet haben könnten. Da Sprache sich wandelt wie die menschliche Wahrnehmung, finden sich diese ursprünglichen Muster heute natürlich nicht mehr durchgängig, also überall, sondern scheinen nur noch gelegentlich durch. Dies wäre ein Erklärungsversuch, der sicher recht ungewöhnlich ist, der aber genauso wie das Zugrundelegen »sinnvoller Zufälle« ein interessantes Licht auf die Numerologie werfen könnte.

In der Zahlenmystik sind allerdings auch recht komplizierte Rechenvorgänge bekannt, die sich mit der hier versuchten Erklärungsweise schon schwerer in Einklang bringen lassen, weil sich dabei das mathematische Prinzip zu sehr in den Vordergrund drängt und daher eher an »Konstruktion« — wenn diese auch sehr empfindend und suchend gewesen sein mag — denken läßt. Da wird viel hin- und hergerechnet, addiert, subtrahiert, dividiert — und fast will es wundern — kommt oft doch etwas Sinnvolles dabei heraus, womit man in diesem oder jenem Fall etwas anfangen kann.

So geht es zum Beispiel um eine Methode des Numerologen Reichenstein, die bei Kissener erwähnt wird. Der interessierte Leser will sich hiermit vielleicht auseinandersetzen, weshalb sie an dieser Stelle nachvollzogen werden soll.

Man addiert hierbei die Werte von Geburtsdatum, Vor- und Zunamen und rechnet nun auch noch den numerologischen Betrag eines Begriffes hinzu, von dem man wissen möchte, ob er für den Betreffenden erfolgversprechende Aspekte beinhaltet oder nicht. Dabei kann es sich um abstrakte Dinge, Vorhaben, Berufe und alle möglichen anderen Angelegenheiten handeln. Von der Summe, die nun aus drei Elementen besteht (Geburtsdatum, Gesamtname und Begriff), errechnet man die Quersumme, zieht sie dann von dem vorher gewonnenen Wert ab, teilt das Ganze immer durch neun und rechnet schließlich noch eins hinzu.

Bei der Teilung durch neun kommen erstaunlicherweise immer glatte Zahlen heraus. Die Endergebnisse, in Form einer ein- oder zweistelligen Zahl werden anschließend mit folgender Deutungstabelle verglichen, die in Zusammenhang mit Tarotüberlieferungen steht, zum Teil auch direkte Begriffe von Reichenstein einfließen läßt.

1 = Wille, Energie, schöpferische Kraft, etwas wird bewegt, der große Impuls, aber auch Versuchung der Macht

2 = Wissen (durch Unterscheidungsgabe), Vernunft, positiver aber: einfühlendes Verstehen, negativ: Kritiksucht, Zweifel, Täuschung

3 = Ehe, Gemeinschaft, Verbindung von Dingen, Kommunikation, Weiterentwicklung, intelligente Verknüpfungen, aber auch oberflächliche Beziehungen, übertriebene Weitläufigkeit im Anspruch und Verschwendung von Energie

4 = Tat, Wirken, Prinzip des Handelns, Sachzwänge, materielle Notwendigkeiten, negativ: übertriebene Sachlichkeit, fehlende Perspektiven, harte Bedingungen

5 = Religion, Glaube, Überlieferung, Priesterschaft, aber auch Aberglaube, Verblendung, Irrlehre, der »falsche Prophet«

6 = Sexus, Liebe, Erotik, Sympathie, ferner: Entscheidung zwischen Trieb und Verpflichtung, negativ: Versuchung, Laster und Sucht, auch ganz allgemein unerwünschte Abhängigkeit

7 = Sieg, Überwindung der niederen Natur (in sich selbst), Überstehen von Gefahr, »noch einmal davonkommen«, aber auch: der nur scheinbar vorhandene Triumph, Pyrrhussieg (der negativ auf einen zurückkommt) und Illusion, insofern auch Mangel an Talent

8 = Gerechtigkeit, Disziplin, Gesetz und Pflicht, negativ: übertriebene Normen, starre Moral, Engstirnigkeit, daher vielleicht auch Verlust

9 = Weisheit, Klugheit, Intuition. Genauso: umsichtiges Handeln, höhere Ziele, seelische Heilung. Warnung vor Zweifel an eigener Intuition oder Infragestellung von (höheren) Werten

10 = Wechsel des Glücks, Auf und Ab des Lebens, mal so, mal so, gelegentlich: unverhoffter Gewinn (worauf man sich aber schwerlich verlassen kann), negativ: Unbeständigkeit, Abnutzen oder Erlahmen der Kraft im Rauf und Runter, Hin und Her. Daher wichtig: Wille und Weisheit einsetzen, um Kontinuität zu erreichen

11 = Offenbarung, magischer Einfluß, Gedankenkraft, Magnetismus, Anziehung, spirituelle Kräfte, Warnung vor falschem Nutzen, vor Rücksichtslosigkeit und Unterdrückungsgelüsten. Hiermit kann auch der negative Gebrauch des Wortes im Gespräch, in der Werbung oder im Journalismus gemeint sein. Also: alle unrechtmäßige Beeinflussung anderer

12 = Opfer, Sühne, Prüfung, auf die Probe gestellt sein, Bewährung, Härtetest. Daher eventuell auch innere Auseinandersetzung oder Wendepunkt. Negativ: Selbstüberschätzung, zum Opfer der Umstände werden

13 = Transformation, Umwandlung, die Gestalt ändern, neue Energien kennenlernen, etwas Altes aufgeben, Dinge, Angewohnheiten usw. abschaffen. Bisheriges stirbt ab, wird neu. Aber auch: Trauer, Scheidung, Auflösung. Eventuell Melancholie oder Depression, durch die man hindurch muß, insofern: sinnvolle Krise, ursprüngliche Tarotbedeutung: »der Tod«

14 = Selbstzucht, Mäßigung: mit geläuterter Erfahrung noch einmal von vorn anfangen, Gnade eines neuen Starts, Wiedereingliederung, Geläutertsein, Chance. Warnung vor Rückfall in schlechte Gewohnheiten, Sichgehenlassen, Wiederholungstaten, zwanghaftes Verhalten, aber auch die Warnung vor Leichtsinn und zu großem Risiko (das man besser kennen müßte)

15 = der Schatten, das Dunkle (das es zu überwinden gilt). Eventuell auch das Niedere zum Nutzen des Höheren einsetzen, dabei aber Gefahr, daß der »Zweck die Mittel heiligt«. Verniedlichung der negativen Kräfte in einem selbst, wie Faust womöglich Mephisto erliegen. Wichtig daher: Auseinandersetzungen mit den eigenen Aggressionen, auch Warnung vor Intrige und Übervorteilung anderer

16 = Katastrophe, Zerstörung, Bedrohung der Persönlichkeit, keine Lehre aus den vorhergehenden Entwicklungsstufen von 1—15 gezogen haben, Strafe, eventuell aber auch unverschuldetes Unglück, mit Energie nicht umgehen können. Daher: Vorsicht vor Verwicklungen, Zurückhaltung üben

17 = Erlösung, zur Wahrheit gefunden haben, Verstrickungen kommen (irgendwann) zu einem Ende. Hinweis auf höhere Berufung, Reife, inneren Auftrag. Alle Höhen und Tiefen kennengelernt haben, Abgeklärtheit, Jenseitserwartung, weit über die Grenzen hinausschauen können, aber auch Leichtgläubigkeit, Neugier, Beschäftigung mit Dingen, die man (noch) nicht versteht

18 = Täuschungen, Selbsttäuschungen, Irrungen, Wirrungen, bevor man zum Eigentlichen der Dinge vorstößt. Man muß durchs Spiegelkabinett des Lebens, um seinen Sinn zu verstehen. Daher auch: verzerrte Wahrnehmung, vernebelter Geisteszustand, rauschhaftes Erleben, somnambule (mondsüchtige) Zustände, Unsicherheiten aus unklarer Sicht, Wetterfühligkeit, verzögerte Reaktionen. Erst wer die Illusion durchschaut, kommt der Wahrheit auf die Spur. Suche nach der Realität, die hinter den Dingen liegt. Wenn besonders negativ: Falschheit in den eigenen Motiven oder Verleumdung durch andere

19 = Glück, Freude, Freunde. Wer die Illusion überwunden hat, bekommt Zugang zu natürlicher Schönheit und aufrichtiger Begegnung. Alles läuft gut und glücklich. Es erwachen Poesie und Romantik. Auch: Innerer Friede, Großmut, Seelengröße. Das »verlorene Paradies« wiederentdecken. Insofern grundsätzlich eher positiv. Doch manchmal auch: Mangel an praktischem Sinn, im Alltag nicht zurechtkommen, wirkliche Chancen an sich vorübergehen lassen

20 = an Unvergänglichem teilhaben, Bleibendes schaffen. Man hat innere Freiheit erlangt, indem man sich von einengenden Bindungen an Sachzwänge und allzu Irdisches befreit hat. Als Symbol insofern: die vom Rad der Geburten befreite Seele. Wichtig daher: Die Einheit der Dinge erkennen, dem Gewissen folgen, auf die (wahre) Berufung hören, Wesentliches von Unwesentlichem scheiden, ein Gespür für den besonderen Augenblick bekommen. Negativ: falsche Ekstasen, infantile Verzückung, Gefahr »falschen Propheten« und schlechter Propaganda zu erliegen

21 = die tiefsten Ziele erreichen, am Kern der Dinge sein, Vollendung finden, etwas erfolgreich abschließen, einen langen Weg zurückgelegt haben, Einheit mit allem spüren. Synthese: Blick für die großen Zusammenhänge finden. Aufhebung von Widersprüchen. Instinktnahe Verbundenheit mit dem ganzen Kosmos. Negativ eigentlich nur, wenn letztendliche Reife hierfür fehlt, Blick zu sehr auf vordergründiges Glück oder äußeren Erfolg gerichtet ist. Dann manchmal auch Anfeindung durch Autoritäten, Verkanntwerden durch Höhergestellte. Daher: Das Wesentliche der Stunde erkennen, der Umwelt und dem Leben verpflichtet sein, insofern: ökologisch denken. Denn göttliche Allgegenwart heißt: Jedes Ding ist in jedem anderen

innerlich enthalten, alles gehört zusammen. Alles ist in allem.

22 = nach Reichenstein: Mißerfolg, Illusion. Vielleicht, weil die »22« das Vollendete der »21« überschreitet. Leicht positive Deutung ist eventuell im Sinne von »Nirvana, Ende der Substanz, stark verinnerlichtes Menschentum« möglich.

Diese Deutungsübersicht bietet Ihnen als Leser Anknüpfungsmöglichkeiten für Gedankenverbindungen, die Ihnen ganz nach Ihrer innersten Eingebung, Ihrem Empfinden für Ihre speziellen Situationen klar werden können. Nehmen Sie die vorstehende Tabelle also als Anregung für eigene Assoziationen, wobei Sie sich anfangs allerdings doch durchaus enger von den hier gebrauchten Formulierungen leiten lassen werden.

Nun wieder ein paar Worte zur Praxis. Werfen wir einen Blick auf Beispiele, die etwas darüber aussagen, wie man rechnet und im konkreten Fall deuten kann.

Wir nehmen dazu den numerologischen Wert vom Gesamtnamen einer uns bekannten Persönlichkeit, zählen die Zahlen ihres Geburtsdatums hinzu und addieren dazu den kabbalistischen Wert eines Begriffes, den wir mit ihr in Verbindung bringen wollen.

Während etwa Reichenstein hierfür andere Zuordnungen von Zahlen und Buchstaben zugrundegelegt hat, bleiben wir nicht nur aus praktischen Gründen bei der uns bekannten Methode. Sie bringt oft auch Ergebnisse, die dichter am Sinn der Dinge liegen.

Hier nun der Name:

```
S  i  g  m  u  n  d        F  r  e  u  d
3+ 1+ 3+ 4+ 6+ 5+ 4+       8+ 2+ 5+ 6+ 4 = 51
```

Sein Geburtsdatum:

6. + 5. + 1 + 8 + 5 + 6 = 31

51 + 31 = 82

Der Begriff

P s y c h o t h e r a p i e
ergibt

8 + 3 + 1 + 3 + 5 + 7 + 4 + 5 + 5 + 2 + 1 + 8 + 1 + 5 = 58

82 + 58 = 140. Die Quersumme aus diesem Wert ist 5. Sie wird von 140 abgezogen, wodurch man 135 erhält. Diese Zahl wird nun — wie einige Seiten zuvor beschrieben — durch 9 geteilt. Man erhält die Zahl 15. Hierzu wird abschließend noch 1 hinzugezählt, womit die Prozedur abgeschlossen ist. Es ergibt sich daraus im vorliegenden Fall eine 16. Es hängt jetzt ganz vom Deutungsgeschick ab, ob man bei diesem Wert bleibt oder noch einmal die Quersumme daraus zieht, vielleicht sogar beide Werte heranzieht.

Bei Sigmund Freud würde es sicher völlig den Sinn verfehlen, das Ergebnis im Sinne der »16«, »Katastrophe, Zerstörung der Persönlichkeit« zu deuten. Wir bilden daher aus 6 + 1 die »7« und erhalten als Ergebnis die Bewertung »Sieg«. Aus dem Zusammenhang ergibt sich dabei der besondere Hinweis auf den Sieg über sich selbst, die Selbstüberwindung, die es in der Psychotherapie zu leisten gilt.

Als vielseitig interessierter Arzt lernte Freud in Frankreich Hypnoseverfahren kennen. Jedoch ließ er von dieser Methode bald wieder ab — wie Freudkritiker heute zum Teil meinen, weil er die dabei aufkommenden Gefühle weiblicher Patienten für ihn nicht ertragen hat. Denn in der hypnotischen Verbindung entsteht oft eine noch engere Beziehung zum Therapeuten als bei anderen Verfahren.

Dieser Gedanke macht nun etwas neugierig, wie sich die Person Freud aus numerologischer Sicht zur H y p n o s e verhält. Rechnen wir: 5 + 1 + 8 + 5 + 7 + 3 + 5 = 34.

51 (für Sigmund Freud) + 31 (für sein Geburtsdatum) + 34 (für Hypnose) = 116 minus Quersumme aus 116 (8) = 108 : 9 = 12 + 1 = 13. Die Zahl »13«, so sagt uns die Übersicht, hat etwas mit Umwandlung zu tun. Das kann sich darauf beziehen, daß im Patienten innere Wandlungen in Gang gesetzt werden, die zur seelischen Heilung führen. Es läßt sich hier aber auch so verstehen, daß Freud »neue Energien« kennenlernte, die sich in der Hypnose ausdrücken. Nach einer gewissen Zeit kommt es jedoch dazu, sich von den therapeutischen Gewohnheiten, die in der Anwendung der Hypnose liegen, wieder zu trennen. »Altes wird aufgegeben«, man löst sich von Dingen. Es kann also immer recht unterschiedlich sein, ob das Neue, was durch »13« symbolisiert wird, für die Person einen bleibenden Charakter bekommt oder selbst wiederum durch Neues abgelöst wird. So hat diese Zahl oft etwas mit einem Übergangszustand zu tun.

Anfang der neunziger Jahre des vorigen Jahrhunderts wandte Freud sich der Methode der freien Assoziation zu, wobei der Patient entspannt auf einer Couch liegt und spontan über jeden Einfall berichtet, der ihm durch den Kopf geht. Für den Begriff

f r e i e     A s s o z i a t i o n

erhalten wir

8+2+5+1+5+     1+3+3+7+7+1+1+4+1+7+5 = 61.

Man addiere erneut: 51 + 31 + 61 = 143 minus Quersumme daraus (8) = 135 : 9 = 15 + 1 = 16. Sinnvollerweise wird weiter auf 7 reduziert, wodurch sich wie beim Begriff »Psychotherapie« der Hinweis auf »Sieg« ergibt. Wenn man kritisch denkt, hält man es allerdings auch für möglich, daß hierin eventuell der scheinbare Sieg mitschwingt. Denn nach der klassischen Freud'schen Analyse kann ein Patient oft Jahre auf der Couch zubringen, ohne daß sich in seinem Seelenleben etwas entscheidend bewegt. Wie bei anderen Therapien auch kommt es wesentlich auf das Fingerspitzengefühl des Therapeuten an und auf die Beziehung, die der Patient bzw. Klient zu ihm hat, auf die sogenannte »Wellenlänge«, die für den Heilungsprozeß oft ausschlaggebend ist. Sicher läßt die Deutung aber vermuten, daß die Methode der freien Assoziation eine Vorgehensweise war, mit deren Hilfe Freud selbst jedenfalls Entscheidendes leisten konnte. Damit ist aber nicht ausgesagt, daß jeder andere Arzt damit genausogut umgehen kann. Deutungen — wie hier vorgenommen — haben also immer einen sehr individuellen Bezug.

Will man losgelöst von einer bestimmten Person etwas über einen Begriff erfahren, so betrachte man ganz schlicht die Quersumme, die sich aus seinen Buchstaben ergibt. Im Falle des Wortes »freie Assoziation« ist das die »61«, die sich weiter auf »7« reduzieren läßt. Auch hier der Gedanke an »der Sieg«. Wahrscheinlich handelt es sich hier also um einen allgemein sehr brauchbaren Weg, um Zugang zum Patienten zu erhalten, was numerologisch gesehen aber auch bei der Hypnose der Fall sein dürfte, denn ihr Wert ist »34«, woraus sich gleichfalls »7« ergibt.

Dabei ist noch eins recht interessant: Die »7« ist uns aus vorhergehenden Kapiteln auch als Neptunzahl bekannt. Und dazu läßt sich sagen: Neptun ist das Prinzip des Unbewußten, der Träume und der Intuition. Somit ist dieser Zusammenhang auch ein Hinweis darauf, daß beide von Freud angewandte Methoden einen guten Zugang zum Unbewußten eines Menschen herzustellen vermögen.

Was auch immer man von komplizierteren numerologischen Berechnungen, wie sie hier angestellt wurden, halten mag, werfen die erwähnten Beispiele doch ein interessantes Licht auf die

Möglichkeiten, die sich hierbei ergeben. Es bleibt Geschmack und Empfinden eines jeden einzelnen überlassen, inwieweit er sich dieses numerologischen Verfahrens bedienen will. Oft wird es einen kleinen Fingerzeig geben, den man zur rationalen Analyse einer Entscheidungssituation sinnvoll hinzuziehen kann. Paßt die Energie, die in einem bestimmten Begriff enthalten ist, zu mir? Wie werde ich mit ihr umgehen? Worauf kann ich mich einstellen? Was mache ich daraus?

Allerdings wird man den Hinweis aus der Numerologie auch hier nicht überstrapazieren. Andere Empfindungsquellen oder vernünftige Argumente dürfen gleichfalls nicht beiseite gelassen werden. Vielmehr lohnt es sich, auch jetzt wieder ein wenig über die numerologische Bedeutung zu meditieren und sie in persönliche Entscheidungen gegebenenfalls einfließen zu lassen. In manchmal geradezu wundervollen Gleichnissen beschreibt die Numerologie die Zusammenhänge einer Situation und macht darin — ohne daß wir es immer ganz begreifen werden — auf überraschende Weise einen Sinn. Nutzen wir diesen Teil unserer Intuition und lassen uns dabei sicher von unserem Instinkt leiten.

Es bietet sich dann ein breites Spektrum von Bereichen, denen man mit dem Geheimnis der Zahl etwas auf den Grund gehen kann. Wollen Sie sich zum Beispiel bewerben, so machen Sie doch ein kleines Experiment: Nehmen Sie wiederum Ihren vollen Vor- und Zunamen, addieren Sie zu seinen Werten Ihr Geburtsdatum und errechnen dann den Wert für die Bewerbung.

Gehen Sie dabei nicht einfach von der Zahl aus, die sich für die Firma oder Dienststelle ergibt, sondern formulieren Sie genau, zum Beispiel:


B e w e r b u n g     f u e r

2+5+6+5+2+2+6+5+3+     8+6+5+2

V e r e i n i g t e    S t a h l w e r k e,
6+5+2+5+1+5+1+3+4+5    3+4+1+5+3+6+5+2+2+5


R e v i s i o n s a b t e i l u n g
2+5+6+1+3+1+7+5+3+1+2+4+5+1+3+6+5+3


Nehmen Sie hier die Gesamtsumme für Ihre weiteren Rechen-
operationen, nicht einfach den Wert des Firmennamens. Denn
es könnte ja sein, daß seine Energie sehr sinnvoll zu der ihrer
persönlichen Daten paßt. Jedoch mag es noch fraglich sein, ob
Sie die Stellung bekommen. Auch könnte es sein, daß eine Bewerbung bei dem Unternehmen ganz allgemein ein positives
Vorzeichen hätte, jedoch nicht für die spezielle Abteilung. Insofern ist auch sie zu spezifizieren. Sollte das Ergebnis Sie zunächst nicht ermutigen, so lassen Sie die Bewerbung jedoch
nicht grundsätzlich fallen. Überlegen Sie eher, wie Sie sich darauf einstellen sollten, welcher seelischen Energie Sie hier womöglich begegnen. Das Bild wird schließlich um so genauer, je
mehr Sie weitere Daten einbeziehen. So können Sie in folgenden Schritten auch die Namen Ihrer Gesprächspartner für das
Einstellungsgespräch mit hinzuziehen. Dabei können Sie so vorgehen, wie es auf den vorhergehenden Seiten beschrieben wurde. Manchmal ist es aber auch schon sehr interessant, einfach
die Quersummen der betreffenden Namen mit der Ihres eigenen zu vergleichen, ohne kompliziertere Rechenschritte zu unternehmen.

Geht man bei anderen Fragestellungen nach der etwas
schwierigeren Methode vor, kann es erforderlich sein, den Zahlenwert ganzer Sätze oder Satzteile in die Überlegung einzube-
ziehen. Sie nehmen dann, wie gewohnt, Ihren Namen und Ihr
Geburtsdatum und zusätzlich dazu den numerologischen Wert
der zusammengesetzten Wortgebilde, sodann die Summe, minus Quersumme daraus, geteilt durch neun, plus eins. Sie ken-

nen den Vorgang ja. Beispielsweise wird man den numerologischen Wert des Satzes »Morgen, 20 Uhr, Waltraud wegen Theaterbesuch anrufen« auswerten und in die Rechenvorgänge einbeziehen können. Würde man einfach nur den Wert für »Waltraud« oder nur für »Theater« heranziehen, bliebe das Bild zu undifferenziert. Eventuell sollte man auch noch den Namen der Aufführung, etwa »Der Widerspenstigen Zähmung« hinzunehmen. Finden Sie doch einfach mal heraus, ob Ihre kleinen Berechnungen Ihnen wertvolle Hinweise geben. Im nachhinein wissen Sie meist genau, ob Sie mit Ihrer Deutung richtig gelegen haben.

Die Reihe der Beispiele, die man betrachten kann, ist naturgemäß unendlich. Klassische Felder der Untersuchung sind Städtenamen (etwa bevor man sich zu einem Umzug entschließt), Straßennamen oder als weitere Möglichkeit Länder (wenn man ins Ausland will, auch als Urlaubsziele).

Abschließend zu diesen Ausführungen sei noch ein Hinweis »technischer Natur« angebracht: Genauso, wie es möglich ist, zwei- und mehrstellige Zahlen auf einen einstelligen Wert zurückzuführen, wobei man einfach die Quersumme nimmt, kann es umgekehrt angebracht sein, von einem einstelligen Wert zu einer zweistelligen Zahl zu gelangen. Zum Beispiel hat man beim Vorgehen, wie vorstehend behandelt, die Zahl »5« erhalten. Schaut man in der Übersicht der in Frage kommenden Bedeutungen nach, gewinnt man der errechneten Zahl vielleicht nur schwerlich einen Sinn ab.

In dem Falle überlegt man, welche nächstniedrige Zahlenkombination die Quersumme »5« ergibt. Zwar könnte man an »23« denken, jedoch ist es nicht der nächstniedrige Wert. »14« jedoch erfüllt die Bedingung. Und wie unschwer zu erkennen ist, ergibt die Quersumme aus »14« eine »5«. Wir haben jetzt also von der »5« auf die »14« geschlossen, und wahrscheinlich erhalten wir in der Deutungsübersicht nun einen Hinweis, mit dem wir mehr anfangen können. Manchmal empfiehlt es sich aber auch, beide Zahlenwerte heranzuziehen (in denen ihrerseits immer eine positive und eine negative Bedeutung enthalten ist), wobei die eine Zahl meist von dominierender Bedeutung ist, die andere unterschwellig aber auch wichtig sein kann. Solche Grenzfälle kommen vor und machen die Sache besonders interessant, da es jetzt auf deuterisches Geschick ankommt. Mit Interesse für die Sache und mit etwas Einfühlungsgabe werden Sie hierüber sicher bald verfügen. Viel Spaß also!

# Telefonnummern und Hausnummern

Die volle Adresse, mit Straßennamen und Hausnummer läßt oft sehr gut das Karma erkennen, dem man in einer neuen Umgebung begegnet. Es ist ein sehr spezifiziertes Bild, das durch die Bedeutung der Telefonnummer noch ergänzt wird. Man sollte die Hausnummer jedoch immer auch noch isoliert vom Straßennamen betrachten, da ihr ein besonderer symbolischer Wert zugeschrieben wird. So war es für manchen schon verheißungsvoll, eine Wohnung mit der Hausnummer »1« bezogen zu haben, besonders dann, wenn eines seiner personenbezogenen Daten im Sinne der Numerologie ebenfalls eine »1« ergab. Nicht selten spielte er, seit er nun in einer neuen Umgebung wohnte, wirklich in mancher Beziehung die erste Geige. Oder er entwickelte ein Talent, einander widerstrebende Interessen auszugleichen und zusammenzuführen, wie es dem Gedanken von Einheit in der »1« entspricht.

Grundsätzlich sollten Sie immer auf die einstellige Zahl herunterrechnen, wenn Sie Straße und Hausnummer begutachten wollen. Das gleiche gilt für den Telefonanschluß. Werfen Sie anschließend jedoch auch noch einen Blick auf die zweistellige Zahl. Eine Deutungsmöglichkeit hierfür ergibt sich aus der Übersicht im vorhergehenden Kapitel. In folgenden Abschnitten des Buches werden diese Gesichtspunkte durch weitere Aussagen über die Zahl »22« hinaus ergänzt, so daß Sie sich ein individuelles Bild nach Ihrem Empfinden zusammensetzen können. Wägen Sie die Aussagen zur einstelligen und zur zweistelligen Zahl gegeneinander ab. Oft ergeben sich kleine Widersprüchlichkeiten, so etwa auch dann, wenn Sie die Straße plus

Hausnummer betrachten oder nur die Hausnummer für sich allein. Es handelt sich hierbei um Gegensätzlichkeiten, die zusammen eine Einheit bilden. Sie schließen einander nicht aus, sondern ergänzen sich. Jede Sache hat bekanntlich ihre Kehrseite und in jedem Ding ist ein Stück sein Gegenteil enthalten.

Um Ihnen die Deutung einstelliger Zahlen speziell für den Zweck der Auslegung von Hausnummern und Telefonanschlüssen zu erleichtern, haben wir für Sie eine besondere Übersicht erarbeitet. Errechnen Sie die Quersummen, wie am Schluß dieses Kapitels noch einmal dargestellt und vergleichen Sie die Ergebnisse mit den folgenden Aussagen:

1 = Als Hausnummer bzw. Adresse: In dieser Umgebung werden Sie gut Kräfte sammeln können, um Führungsansprüche zu verwirklichen. Seien Sie besonders empfänglich für alle Impulse, die Sie in der Hinsicht unterstützen, zum Beispiel, wenn man Sie bittet, Verantwortung in einer Mieterinitiative zu übernehmen oder wenn Sie von Ihren Nachbarn um Rat in Erziehungsfragen befragt werden. Vielleicht schätzt man auch Ihre Kenntnisse in Rechtsfragen. Bestimmt wirkt sich das Ansehen, das Sie in Ihrer Umgebung genießen, auch in beruflicher Hinsicht aus. Besonders wenn in Ihrem Geburtsdatum oder in den Zahlen Ihres Namens eine »1« enthalten ist, verstärken sich diese Einflüsse. Dann sollten Sie Ihre Stärke allerdings einigermaßen behutsam einsetzen. Achten Sie in dem Fall darauf, daß Sie niemanden unterdrücken oder an die Seite drängen. Auch könnte es sein, daß Sie darauf achten müssen, andere nicht durch impulsive Worte zu verletzen. Das gilt besonders auch im Hinblick auf Menschen in der weiteren Nachbarschaft.
Für den Fall, daß Ihre persönlichen Daten keinen Hinweis auf die »1« enthalten, beschäftigen Sie sich mit dem Sinn dieser Zahl, und nehmen Sie seine Energie auf.
Grundsätzlich enthält die »1« auch einen Wink, daß sich Ihnen einmalige Gelegenheiten bieten können und daß Sie an

den Zusammenhalt von Menschen in Beruf, Familie und Freundeskreis denken sollten. Machen Sie sich dafür stark. Die häusliche Umgebung wird Ihnen bestimmt viel Energie dafür geben.

Als Telefonnummer: Viele wichtige Gespräche werden Sie jetzt gerne telefonisch erledigen. Sei es, daß Ihre Worte besonders überzeugend wirken, oder sei es, daß Sie am Telefon Mut haben, auch unangenehme Dinge mal anzusprechen. Beruflich und geschäftlich dürfte der Anschluß mit der Quersumme »1« auf Erfolge hinweisen. Nutzen Sie diese kleine Vorbedeutung, indem Sie besonders viel Initiative zeigen, ohne zu vergessen, Ihre Entscheidungen umsichtig zu treffen. Nehmen Sie einfach nur den Schwung mit, der sich in der Telefonnummer symbolisiert.

2 = als Hausnummer bzw. Adresse: Wenn Sie hier besonders viel Liebe und Mühe in die häusliche Atmosphäre investieren, werden Sie selten eine Wohnung oder ein Haus gehabt haben, das eine so gute Vorbedeutung besitzt, um sich wohlzufühlen. Das gilt selbst dann, wenn die Wohngegend vielleicht nicht ganz Ihren Ansprüchen genügen sollte. Machen Sie etwas daraus! Sie werden es nicht bereuen, denn bald ist Ihre Hausnummer für Sie ein Hinweis auf ein besonders schönes und warmes Nest.
Sorgen Sie aber immer dafür, daß Sie positiven Einflüssen geöffnet sind. Beschäftigen Sie sich mit fröhlichen Gedanken, nutzen Sie die Gemeinschaft netter Menschen. Die »2« legt nämlich auch den Gedanken nahe, daß Sie sich oft mit Zweifeln auseinanderzusetzen haben. Versuchen Sie herauszufinden, welche positiven Tendenzen jeweils in dem einen und in dem entgegengesetzten Gedanken enthalten sind, womit Sie sich gerade beschäftigen. Was wollen Ihnen Ihre widerstrebenden Gefühle sagen? Wie können Sie dem Sinn dieser Impulse auf originelle und kreative Weise je-

weils so gerecht werden, daß Sie beides auf einen sinnvollen Nenner bringen?

Da der Sinn der »2« andererseits auch etwas mit Talent und Begabung zu tun hat, die in Ihrer häuslichen Umgebung angeregt werden könnten, sollten Sie sich entspannenden Dingen widmen, die Ihre Gedanken beruhigen werden. Vielleicht entdecken Sie mal ein schönes künstlerisches Hobby. Sie haben jetzt eigentlich gute Voraussetzungen dafür. Im übrigen sollten Sie sich genügend, aber nicht zuviel Schlaf gönnen. Versuchen Sie sich morgens einen Ruck zu geben, um elastisch aufzustehen. Beginnen Sie den Tag, indem Sie neugierig sind, was auf Sie zukommt und betreiben Sie nach Möglichkeit Sport. Auf diese Weise wirken Sie Tendenzen der »2« entgegen, die eventuell zu einer gewissen Passivität verleiten. Gehen Sie auch immer mal dem Sinn der »1« nach, was Ihnen einerseits dazu verhelfen wird, Ideen dafür zu bekommen, wie sich innere Widersprüche integrieren lassen, was andererseits aber auch Hinweise dafür bietet, wie man die eigenen Antriebskräfte stärkt. Diese Empfehlung gilt besonders dann, wenn auch in Ihrem Geburtsdatum oder in den Zahlen Ihres Namens eine »2« in markanter Position enthalten ist. Es gilt vergleichsweise abgeschwächt, wenn Sie stark vom Wesen der »1« beherrscht sein sollten.

Als Telefonnummer: In Gefühlsdingen wird sich wahrscheinlich recht oft eine Aussprache am Telefon anbieten. Auch, wenn dies nur der erste Schritt sein sollte um sich näherzukommen, gehört es doch zur modernen Kommunikation, selbst ganz persönliche Angelegenheiten mal telefonisch zu besprechen. Nehmen Sie sich dafür Zeit und Ruhe, entspannen Sie sich und machen es sich bequem. Die Quersumme Ihrer Telefonnummer enthält eine gute Vorbedeutung für private Dinge. Vermeiden Sie aber mißverständliche Formulierungen. Die »2« enthält nämlich Hinweis auf manchen Irrtum, den Sie vermeiden könnten. Sie sollten jedem Mißverständnis aus dem Wege gehen. Wenn Sie sich immer klar und eindeutig verhalten, können keine Zweifel an Ihrer Person aufkommen. Das betrifft auch die Worte, die man sich durch den Hörer sagt.

3 = als Hausnummer bzw. Adresse: Sie sind hier voraussichtlich besonders gut aufgehoben, wenn in dieser Phase Ihres Lebens Dinge in Schwung gebracht werden sollen, wenn Sie Angelegenheiten in Ihrem Sinne zu verändern wünschen und dafür Ideen brauchen. Achten Sie darauf, ob in Ihrer Nachbarschaft vielleicht interessante Gesprächspartner wohnen, deren Gegenwart in irgendeiner Weise befruchtend auf Sie wirkt. Vielleicht kann man Ihnen wertvolle Gedankenanstöße bieten, oder es ergeben sich nützliche Beziehungen. Es kann aber auch sein, daß das Klima, dem Sie in Ihrem häuslichen Umfeld begegnen, ganz allgemein inspirierend auf Ihre Gedanken und Einfälle wirkt. Seien Sie dafür geöffnet und beobachten Sie sorgfältig, welche kleinen Begebenheiten und Zufälle Vorzeichen wichtiger Entwicklungen in Ihrem Leben sein könnten.

Meditieren Sie über Sinn und Wesen der »3«, nehmen Sie die Energie dieser Zahl in sich auf, lassen Sie interessante Widersprüche zu, aus denen sich Neues entwickelt. Versuchen Sie, Dinge, die zunächst unvereinbar erscheinen, so weiterzuentwickeln, daß alle Gesichtspunkte auf überraschende Weise unter einen Hut kommen. Die Symbolik Ihrer Hausnummer wird hierauf begünstigend wirken, besonders dann, wenn Sie die »3« auch in Ihren persönlichen Daten haben, etwa in den numerologischen Werten Ihres Namens oder in Ihrem Geburtsdatum.

Ganz allgemein werden unter Ihrer Anschrift auch Familie, Ehe und Erziehung gut beeinflußt. Versuchen Sie hier immer gemäß dem Wesen der »3« ausgleichend zu wirken. Zeigen Sie den Kindern gegenüber ruhige Autorität. Erkennen Sie, daß zu Ihrem häuslichen Karma auch eine sinnvolle Großzügigkeit gehören wird. Regen Sie diese unter den Familienmitgliedern an, nicht nur im materiellen Sinne, sondern auch, was Verständnis und Toleranz betrifft.

Ein wenig sollten Sie übrigens darauf achten, daß Ihnen beruflich genügend Zeit fürs Private bleibt, denn die »3« hat auch mit sehr viel Ehrgeiz und hochgesteckten Zielen zu tun. Eine kleine Warnung ist übrigens auch beinhaltet, sich nicht selbst zu überschätzen. Das kann sich auf geschäftliche Vorhaben, genauso wie auf die Planung von Ausgaben für die Wohnung beziehen. Unabhängig davon verweist die Symbolik Ihrer Hausnummer bzw. Adresse auf eine prosperierende Zeit, in der Ihre Angelegenheiten besonders gut gedeihen könnten. Nutzen Sie die Zeichen der Zeit! Aktivieren Sie sich selbst in jeder Hinsicht.

Als Telefonnummer: Seien Sie auf überraschende Anrufe gefaßt. Wenn es dazu kommt, überlegen Sie gründlich, welche Chance darin liegen könnte. Allgemein werden Sie telefonisch oft recht anregende Gespräche führen. Überfordern Sie die Partner dabei aber nicht mit Themen, die man besser unter vier Augen miteinander abmachen sollte. Prüfen Sie auch, ob der andere gerade zu geistreichen Auseinandersetzungen aufgelegt ist. Er könnte vielleicht zu müde dafür sein oder momentan in der Hinsicht einfach nicht in Stimmung. Beachten Sie insofern also die Zwischentöne. Jedoch wird über Ihren Anschluß womöglich manches gute Gespräch geführt, das Ihnen viel Freude bringt.

4 = als Hausnummer bzw. Adresse: Wahrscheinlich ist die »4« hier als kleiner Hinweis zu nehmen, daß Sie gute Chancen haben, Ihre praktischen Begabungen zu erweitern. Dabei kann es um handwerkliche Fähigkeiten im Haus gehen oder um Dinge, die im Garten zu erledigen sind. Vielleicht ergibt sich jetzt auch beruflich eine Phase, in der mehr

praktische Akzente gesetzt werden. Entwickeln Sie Ihren Sinn fürs Solide. Auch in der Nachbarschaft können Sie sich durch kleine Freundschaftsleistungen sehr beliebt machen, bei denen man einander in praktischen Dingen unter die Arme greift. Meditieren Sie über Sinn und Wesen der Zahl »4«, besonders, wenn sie auch in Ihren persönlichen Daten vorkommt.

Erschließen Sie sich darüber hinaus das Geheimnis aller anderen Zahlen von »1« bis »9« und suchen Sie nach Erkenntnis, wie manche Beschwerlichkeit im Sinn der »4« durch Wesenszüge, die in den anderen Zahlen gleichnishaft beschrieben werden, ihren Ausgleich finden kann.

Freuen Sie sich ansonsten über ungewohnte Einfälle; wie sie der »4« als Uranuszahl entsprechen. Dabei kann es zum Beispiel um eine ausgefallene Einrichtungsidee für Ihre Wohnung gehen oder um ungewöhnliche Ideen im Alltag. Verhalten Sie sich in der Nachbarschaft und auch sonst im Leben aber nicht zu unkonventionell, da die »4« als Hinweis gedeutet werden könnte, daß man jetzt dann und wann etwas aneckt. Eine harmonische Lebensausrichtung wird gut tun, wobei auch daran zu denken ist, eventuell zurückhaltend zu sein, wenn man die Pläne seiner Umgebung durchkreuzt, ist die »4« doch Symbol der vier Endpunkte eines Kreuzes.

Als Telefonnummer: Praktische Dinge werden eventuell im Vordergrund stehen, wenn Sie den Hörer abnehmen, um zu wählen. Denken Sie aber auch bei solchen Gelegenheiten daran, nicht zu sachlich zu sein. Ein freundliches Wort zwischendurch wird von jedem Gesprächspartner gern aufgenommen. Und ärgern Sie sich nicht zu sehr, wenn Ihre Telefonate gestört werden. Es kann ein wenig mit der Bedeutung der »4«, im Sinne durchkreuzender Eigenschaften zu tun haben.

5 = als Hausnummer bzw. Adresse: Spüren Sie allen Antrieben und Impulsen nach, die Ihr Interesse auf Höheres richten können. Religion, Mystik und Philosophie sind Bereiche, die durch die »5« als Zahl des griechischen Hermes begünstigt werden. Er war Bote zwischen den Menschen und dem Olymp der antiken Götterwelt. In diesem Sinne mag es sich empfehlen, vielleicht ruhig mal den Fernseher einzuschalten, wenn geistige und geistliche Themen behandelt werden. Genauso wird die häusliche Atmosphäre Sie vielleicht inspirieren, sich mit anspruchsvoller Literatur zu beschäftigen.

Hermes war aber auch Gott der Kaufleute. Und insofern sollten Sie einmal prüfen, ob sich Ihnen gemäß dem Nummernsinn Ihrer Adresse gerade die eine oder andere kommerzielle Chance bietet. Finanzielle Vorhaben dürften ebenso gefördert werden wie der faire Austausch von Gefälligkeiten unter den Mitmenschen. Nach dem Motto: Kommst du mir hier entgegen, werde ich mich dort einmal erkenntlich zeigen. Gehen Sie der inneren Weisheit der Zahl »5« nach, erspüren Sie ihre Botschaft, besonders wenn sich auch in Ihren persönlichen Daten eine »5« findet. Seien Sie dann aber nicht zu verstandesbetont, und lassen Sie auch das Gefühl angemessen zur Geltung kommen!

Im übrigen können Sie sich freuen: Die »5« zeigt an, daß Ihre häusliche Umgebung recht kommunikationsreich sein dürfte. Nutzen Sie die Möglichkeiten, die sich daraus ergeben: Pflegen Sie Ihre privaten und beruflichen Verbindungen. Zeigen Sie sich freundlich im Kontakt, und bauen Sie Ihr Talent aus, mit anderen Menschen Verbindung aufzunehmen. Ihre Anschrift begünstigt alles, was in diese Richtung geht. Sie haben die Chance, diese Energie zu ihrer vollen Entfaltung zu bringen.

Als Telefonnummer: Besonders in geschäftlicher Hinsicht günstig — im großen und im kleinen Rahmen. Hier kann eine gute Voraussetzung auf beruflicher Ebene angekündigt werden, wie auch kleine Transaktionen gedeihlich verlaufen mögen, die über den privaten Anzeigenmarkt abgewickelt werden. Zeigen Sie sich als kluger, aufgeschlossener und fairer Gesprächspartner. Seien Sie dabei nicht zu unpersönlich, bringen Sie vielmehr immer ein paar freundliche Worte unter.

6 = als Hausnummer bzw. Adresse: Alles, was mit Schönheit, Harmonie und gepflegter Häuslichkeit zu tun hat, bekommt hier besondere Chance, sich zu entwickeln. Nehmen Sie den Geist der Zahl »6« in sich auf, um Ihre persönliche Kultur weiter zu verfeinern. Widmen Sie sich eventuell auch künstlerischen Hobbys. In der »6« steckt ein wenig Vorbedeutung, daß Ihnen diese Dinge zu Hause besonders gut von der Hand gehen könnten.
Venushaft wird auch Ihr Liebesleben inspiriert sein. Nutzen Sie alle Anregungen, es zu einem hohen Genuß zu machen. Wie Sie Ihr schönes Heim genießen, sollten Sie sich auch verfeinerte Regungen erotischer Natur erschließen. Machen Sie die Liebesbeziehung zu hoher gegenseitiger Kultur im Geben und Nehmen. Entdecken Sie die Kostbarkeit des Werbens umeinander, auch dann, wenn sich wie in jeder Partnerschaft nach einer gewissen Zeit der Alltag eingeschlichen haben sollte. Ihre Anschrift läßt auf ein häusliches Karma schließen, in das leicht wieder neuer, junger Schwung zu bringen sein müßte.
Falls es sich bei Ihnen um einen Junggesellen oder um eine Junggesellin handelt, so nutzen Sie die erotische Vorbedeutung in Ihrer Weise. Werten Sie den Sinn der »6« aber auch so, daß sie zu tieferer personaler Beziehung in der Sexualität auffordert. Versuchen Sie, dem seelischen Geheimnis Ihrer Partner auf die Spur zu kommen, wie sich Ihnen nach und nach auch das Geheimnis der »6« erschließt.

Grundsätzlich ist diese Zahl auch als Hinweis zu deuten, nicht zu genußsüchtig durchs Leben zu gehen, da hierdurch innere Abhängigkeiten geschaffen werden könnten. Es empfiehlt sich etwas über Wesen und Sinn der »8«, über Disziplin, Gründlichkeit und Genauigkeit zu meditieren. Besonders vor Bezug einer Wohnung kann es recht wichtig sein, den Mietvertrag gewissenhaft zu studieren. Achten Sie bei Besichtigung und Übernahme einer solchen Wohnung sehr genau auf Kleinigkeiten und schauen Sie auch ruhig mal unter den Teppich. Überlegen Sie sich, wie geräuschbelastet sie am Tage sein mag und wie gegebenenfalls die Spielmöglichkeiten für Ihre Kinder sind. Da es bei der »6« um Schönheit geht, sollte durch Gründlichkeit alles so vorbereitet werden, daß sich das Venushafte der »6« in Ihrem Heim voll entfalten kann. Legen Sie diese Einstellung auch später in Ihrem Alltag zugrunde, wenn Sie sich vom Sinn der »6« leiten lassen wollen.

Als Telefonnummer: Hierin ist eine Aufforderung enthalten, sich am Apparat möglichst konziliant und umgänglich zu verhalten. Achten Sie auf Zwischentöne bei Ihren Gesprächspartnern und bemühen Sie sich nach Möglichkeit immer um einen taktvollen Zungenschlag, auch wenn Sie jemanden mal die Meinung sagen wollen.

Dies als Grundhaltung angenommen, wird bestimmt positiv auf Sie zurückwirken. Es bedeutet allerdings nicht, daß man sich um klare Aussagen oder sinnvolle Kritik herumdrücken sollte. Aus der Harmoniebedürftigkeit, die im Wesen der »6« enthalten ist, wird mancher nämlich Konturen verwischen und die eigene Meinung nicht immer klar erkennbar machen. Dies sollte sicher nicht sein. Denn die »6« enthält lediglich einen Wink, kritische Bemerkungen konstruktiv anzubringen. Dafür werden Sie ganz bestimmt das richtige Gespür haben. Außer dem Hinweis auf Harmonie ist in der »6« aber auch ein Wink Amors angedeutet. Mancher telefonischer Flirt wird einen Junggesellen vielleicht glücklich machen. Und auch dem vertrauten Partner lassen sich gut und gern ein paar amouröse Worte durchs Telefon sagen. Also dann …

7 = als Hausnummer bzw. Adresse: Ein Stück geheimnisvoll mag diese Anschrift schon auf manchen wirken. Nach der Bibel ruhte Gott am 7. Tag von der Schöpfung. Und »spricht nicht Christus sieben Worte am Kreuz und trägt in der Offenbarung sieben Sterne in der Hand? Das siegreiche Lamm hat sieben Hörner. Sieben Siegel werden aufgetan, und Briefe an die sieben Gemeinden geschickt …« (aus Endres/Schimmel: »Das Mysterium der Zahl«) Man bedenke auch: Nach alter alchimistischer Rezeptur wird eine Substanz siebenmal mit Alkohol verdünnt, um eine homöopathische Tinktur zu erhalten. Und nach der indischen Lehre von den Energiezentren im menschlichen Körper gibt es sieben solcher »Chakren«. Entdecken Sie die Botschaft der »7«, wie sie sich aus Ihrer Hausnummer oder Adresse ergibt! Dann werden Sie erleben, was für ein kraftvolles Energiezentrum Ihre häusliche Umgebung für Sie sein kann.

Öffnen Sie sich für alles, was zu einer positiven Berührung mit geheimnisvollen Dingen einlädt: altes Wissen, kleine Mysterien im Alltag, die Stimme des Gewissens. Unterscheiden Sie zwischen dem wirklichen Geheimnis, das sich meist nicht spektakulär ankündigt und neptunischer Illusion, wie sie der wäßrigen Welt unbewußter Trübung entspricht (Neptun als Gott der Meere und seine Bedeutungszahl »7«).

Erschließen Sie sich vielmehr Reichtum und Erfahrung unbewußter Weisheit, wie es beste Einfühlung in die Tiefe seelischer Vorgänge darstellt. Dann werden Sie den anderen Neptun kennenlernen, der Sie zu manch kleiner Offenbarung im Sinne der »11« zu führen weiß. Für Ihr Zuhause mit der Karmazahl »7« bedeutet das: Eine meditative Lebenshaltung trägt Geborgenheit, Vertrauen und eine Atmosphäre des Friedens in Ihre vier Wände. Nehmen Sie sich Zeit, bei einer guten Tasse Tee, am prasselnden Kaminfeuer oder einfach in Ihrem Lieblingssessel Ihre Gefühle zu ordnen, konstruktiven Träumen nachzugehen oder Gedanken einen Moment festzuhalten, die Sie etwas glücklich machen.

Wichtig ist es, besonders wenn man die »7« in seinen persönlichen Daten aufzuweisen hat, bei aller Nachdenklichkeit nicht zu ernst zu werden. Und bei aller Würde in der persönlichen Haltung sollte man doch auch ein wenig Lockerheit und Humor nicht vergessen. Lassen Sie gerade in Ihrer Wohnung oder in Ihrem Haus Nähe zu anderen zu. Zeigen Sie sich als aufgeschlossener Gastgeber, und man wird es sehr anziehend finden, wenn in Ihrem Gesichtsausdruck manchmal etwas Tiefgründiges liegt oder wenn Sie sich mit Dingen beschäftigen, zu denen andere vielleicht noch keinen Zugang haben. Bedenken Sie auch: »7« ergibt sich aus »4« plus »3«. Damit ist das Schwere und Sachliche der ersten enthaltenen Zahl zwar vorhanden. Doch die zweite sollte als Hinweis auf Fröhlichkeit genommen werden und Mut zu Beweglichkeit und Gelöstheit machen. Entwickeln Sie zunehmend Kreativität der »3«, wie sie aber auch in der »7« enthalten ist. Geben Sie Ihrer Fantasie eine positive Richtung. Beim Schein einer Kerze lassen sich die hoffnungsvollsten und friedvollsten Gefühle entwickeln, die auf den inneren »Sieg« der Sieben hinweisen und ihr Geheimnis erschimmern lassen. All das wird sich mit Ihrer heimischen Umgebung zu dem schönen Gefühl verbinden: Hier bin ich zu Hause.

Als Telefonnummer: Geheimnisvolle Andeutungen können Dinge spannend machen. Sie können aber auch Verwirrung stiften. Halten Sie sich das bei Ihren Gesprächen immer vor Augen. Im übrigen: Man sollte sich von Freunden und Bekannten nicht als seelischen Mülleimer benutzen lassen. Wenn man Sie mit allzu schicksalsschweren Dingen, merkwürdigen Vorahnungen oder düsteren Gedanken vollstopfen will, grenzen Sie sich ruhig ein wenig ab. Setzen Sie sich nur mit dem auseinander, was Sie gerade verkraften können. Machen Sie der Person am anderen Ende der Leitung freundlich klar, daß Sie sich zwar gern mit deren Bekümmernissen auseinandersetzen wollen, daß Ihre Nerven aber nicht zuviel auf einmal davon vertragen. Vielleicht können Sie sich an einem anderen Tag ernsthafter und gleichzeitig entspannter mit anderer Leute Sorgen beschäftigen. Nehmen Sie insofern also wohlwollend ganz leicht Abstand, wenn man Sie mit schicksalsschwangeren Dingen belastet. Seien Sie damit aber auch anderen gegenüber so zurückhaltend, wie diejenigen es wahrscheinlich als wohltuend empfinden. Dann wird man Ihre Nummer immer gerne wählen. Geschäftlich und privat weist Ihr Anschluß übrigens auf manchen bescheidenen, aber doch schönen Sieg in Dingen des Alltags hin, wenn Sie Sinn und Aussage der »7« in Ihren Gefühlen Gestaltungsmöglichkeiten bieten.

8 = als Hausnummer bzw. Adresse: Das Haus steht hier oft im Vordergrund des Denkens. Wer den Gedanken der »8« richtig versteht, wird auch mit viel Liebe, Mühe und Fleiß hier an etwas feilen und dort noch etwas schöner machen. Während die »8« eventuell anzeigt, daß vorübergehend oder längerfristig auf manches verzichtet werden muß, irgendwie ein kleines Opfer zu bringen ist, wird das Zuhause doch das innere Zentrum sein, das für alle Entbehrungen, die man etwa zum Wohle der Familie erbringt, Entschädigung bietet und zur Quelle innerer Kraft wird.
Man sollte im übrigen über die auf der Seite liegende »8« nachdenken und dem Sinn des Unendlichen nachgehen. Er fordert von uns manchmal Verzicht, führt aber auch zu Einsicht und höherer Geborgenheit. Die »8« will uns stark ma-

chen, in dem Gedanken, daß wir mit dem All, dem ganzen Kosmos auf wunderbare Weise verbunden sind. Dieses »höhere Wissen« fordert oft saturnischen Opfergeist und ein wenig Ego-Überwindung.

Wie schon die Alten den Göttern geopfert haben, um zu vermeiden, daß die Natur mit Härte das ihre fordert, sollte man das Wesen der »8« auch als kleinen Hinweis nehmen, daß ein freiwillig erbrachtes Opfer oft vor Schaden bewahrt. Damit ist nicht die halbherzig gegebene Spende für eine Sache gemeint, sondern das, was nach Erforschung von Gefühl und Gewissen als ehrliche Gabe erlebt wird. Ein gutes Empfinden, das irgendwie mit wirklich selbstlosem Tun zusammenhängt, sollte sich dabei einstellen. Es kann ein Opfer für die Familie sein, auch etwas, das man vielleicht für einen Angehörigen erbringt, der sich noch in der Ausbildung befindet, oder für einen anderen, dem man mit einer kleinen Freude oder Aufmerksamkeit den Lebensabend verschönern kann.

Genauso mag sich das Opfer auf materielle Gaben für gemeinnützige Zwecke beziehen oder auf eine gewisse Einschränkung von Genüssen, die man längerfristig oder auch nur vorübergehend zu erbringen bereit ist. Man sollte das, was man an persönlichen Abstrichen oder an aufzubringender Energie leisten will, eventuell mit einem Gefühl stiller Verinnerlichung oder mit einer kleinen symbolischen Geste tun, jedoch ohne vor sich selbst und anderen Aufhebens davon zu machen. So wird sich manch friedvoller Moment einstellen, der uns das Wesen der Unendlichkeitszahl »8« erschließt.

Das Gesagte wird in besonderer Weise förderlich sein, wenn im Geburtsdatum oder in den Zahlen des Namens ebenfalls besagter Wert in der Addition aufscheint. Das Karma der »8« sollte dann ganz bewußt erkannt, durchformt und in sinnvollen Handlungen gestaltet werden.

Als kleiner Rat sei vielleicht noch die Empfehlung angebracht, sich keiner grüblerischen Depression, sondern mehr einem feierlichen Ernst hinzugeben, wenn einem gelegentlich manche Beschwernisse aus dem Wesen der »8« bewußt werden. Man suche ansonsten Fröhlichkeit und heiteren Umgang, der alle Herausforderungen des Lebens leichter bewältigen läßt. Denn aus Nachdenklichkeit im Wesen, die mit Humor in den Augenwinkeln gepaart ist, entsteht etwas, das im besten Sinne mit Weisheit übersetzt werden kann.

Als Telefonnummer: Der Tonfall Ihrer Gespräche kann beiderseits oft Akzente ins Sachliche haben. Bemühen Sie sich also, etwas Entspanntes und Freundliches zu vermitteln, das eine Unterhaltung angenehm macht, sie ein wenig runder und eleganter werden läßt. Versuchen Sie, besonders in privaten Gesprächen, Nähe und Wärme auszudrükken. Seien Sie stets bereit ein wenig zu geben, dann werden Sie über Ihren Anschluß meist auch gute Nachrichten empfangen.

9 = als Hausnummer bzw. Adresse: Diese Zahl hat Bedeutung als Symbol für Projekte und Vorhaben. Lassen Sie sich also von Schwung und Antriebskraft aus dem Wesen der »9« erfüllen. Sie begünstigt Start und Beginn der Dinge, die in Angriff genommen werden, und zwar ganz allgemein, wie natürlich auch speziell für Ihre häusliche Umgebung. Dort können Sie sehr viel Antriebskraft in Nachbarschaftsprojekten entwickeln, im Knüpfen von Freundschaften und Bekanntschaften, aber auch bei der Umgestaltung des Gartens oder bei Renovierungsarbeiten an Wohn- oder Schlafzimmer.

Allerdings sollte man auch über den Sinn der »8« meditieren, woraus sich Qualitäten für Energie über längere Zeiträume ergeben wie etwa: Ausdauer oder Bereitschaft zu Verzicht und kleinen Entbehrungen, um ein Ziel zu erreichen oder Dingen auf längere Sicht Bestand zu geben. Sowas ist bei der »9« als Symbol von Jugend und Aufbruch vergleichsweise schwach ausgebildet. Auch die ruhige Autorität aus dem Symbol der »1«, gleichfalls ihr Bezug zu Zentrum und Einheit, zur Bündelung von Kraft in Wirken und Wollen, sollte verstärkt in sich aufgenommen werden. Dabei liegt auch der Gedanke nahe, im Verband mit anderen seine Ziele durchzusetzen. Auf diese Weise werden die symbolischen Tendenzen zum Alleingang aufgefangen, wie sie als fatale Eigenschaft aus dem häuslichen Einfluß der »9« resultieren können.

Das kann sich auf Pläne mit der Familie beziehen oder sogar auf Dinge, die man für berufliche Vorhaben entwickelt. In nachbarschaftlicher Hinsicht ist man besonders aufgefordert, mit anderen zu kooperieren. Und auch persönlicher Rat anderer Menschen sollte nicht ausgeschlagen werden. Man höre zum Beispiel aufmerksam auf seine innere Stimme, wo Kritik, die herangetragen wird, einen erreichen und sinnvoll beeinflussen sollte. Man schule seine Möglichkeiten, Ratschläge anderer zu integrieren, auszuwählen, was davon brauchbar ist und sich gut in die eigenen Zielvorstellungen einfügt.

Im Wesen der »9«, auf das Ihre Hausnummer oder volle Adresse hindeutet, steckt nämlich manchmal Warnung vor Scheuklappendenken, dem fremde Gesichtspunkte nicht zugänglich sind. Nur zu leicht glaubt man, andere Standpunkte seien mit den eigenen nicht vereinbar. Insofern sinne man gelegentlich auch über die Empfänglichkeit aus dem Wesen der »weiblichen« »2« nach, was heißt, sich in positiver Weise zu öffnen, Neues und Fremdes zuzulassen, damit sich überraschende Wendungen im Sinne der »Kreativzahl 3« ergeben können. Gleichzeitig bedeutet das auch Hinweis auf wirklich spontanes Handeln, wie es der Impulsivität aus der Neunersymbolik nun erst richtig gerecht wird.

In der häuslichen Atmosphäre vermeide man im übrigen übertriebene Aggressionen. Denn leicht kann ein gewisser Jähzorn in der Luft liegen, den die Familienmitglieder besser vermeiden sollten. Das gilt in besonderem Maße, wenn eines von ihnen in seinen persönlichen Daten stärker von der »9« bestimmt wird.

Man sollte ihm dann durch geeignetes Handeln klarmachen, daß seine überzogenen Reaktionen verpuffen werden. Ruhige Beharrlichkeit, die Fähigkeit auch zu einem »Lächeln im Sturm« und besonnenes Eingehen auf die Motive für die Wut des anderen, ihn trotz eigener Zurückhaltung in der Reaktion ernst nehmen, all das sind Wege und Möglichkeiten für Klärung der Gewitterwolken zu sorgen.

Ist man selbst sehr stark vom Wesen der »9« geprägt, so verlangt einem dies natürlich recht viel Selbstdisziplin und Überwindung ab. Wieder wird es in der Hinsicht sinnvoll und richtig sein, über die »8« zu meditieren, in der gerade diese nützlichen Eigenschaften enthalten sind. Hat man das ein wenig im Auge, so wird die eigene Hausnummer ein Zeichen für kraftvolle Entwicklungen werden können, für gute Chancen, die es am Schopf zu packen gilt.

Als Telefonnummer: Spontane Anrufe werden voraussichtlich begünstigt. Es kann aber auch als Hinweis auf unangenehme Auseinandersetzungen sein, die telefonisch auszutragen sind. Bauen Sie sich einen soliden Puffer aus Unempfindlichkeit auf, wenn sich jemand an der Leitung gereizt verhält. Er hat wohl gerade seine Probleme mit sich selbst. Bemühen Sie sich stets um etwas gute Laune, dann wird Ihr Telefonanschluß eine kleine Vorbedeutung für viel Schwung und Elan in all Ihren Alltagsangelegenheiten sein.

Nun noch zwei praktische Rechenbeispiele, aus denen Sie die genaue Vorgehensweise wieder entnehmen können:

Es wohnt jemand in der Ferdinandstraße 1. Wichtig für die

Überlegungen ist zunächst immer die Hausnummer für sich allein. So legt die »1« schon vom Gefühl her den Gedanken an etwas Besonderes, Hervorgehobenes nahe, ganz unabhängig von Deutungen im engeren numerologischen Sinn. Wer die Hausnummer »1« hat, fühlt denn auch oft einen Sonderstatus, jedenfalls dann, wenn es sich um bekanntere Straßen und Plätze handelt.

Die vorstehende Übersicht unterstützt eine solche Auffassung durch die Aussagen, die wir dort finden: »In dieser Umgebung werden Sie gut Kräfte sammeln können, um Führungsansprüche zu verwirklichen. Seien Sie besonders empfänglich für alle Impulse, die Sie in der Hinsicht unterstützen ...« Übrigens wird die Tendenz dieser Feststellung dann in ihrem Gewicht noch zunehmen, wenn es sich um eine Geschäftsanschrift handelt, da hier Führungs- und Entscheidungsqualitäten von besonderer Bedeutung sind. Man muß dann die Aussagen zum jeweiligen Zahlenwert gedanklich an berufliche Situationen anpassen.

Als nächstes ist es interessant, einmal etwas in der Hinsicht zu erfahren, worüber die Straßenbezeichnung für sich allein Auskunft geben könnte. So errechnen wir:

F e r d i n a n d s t r a s s e
$8+5+2+4+1+5+1+5+4+3+4+2+1+3+3+5 = 56$

$5 + 6 = 11$. Erinnern wir uns an die zweistelligen Zahlenbedeutungen, so ergibt sich ein Hinweis darauf, daß sich so was wie eine kleine »Offenbarung« aus dem Sinn dieser Anschrift ergeben mag. Gleichzeitig aber auch Gedankenkraft, »magnetischer Einfluß« auf andere. Hier werden also einerseits Elemente von Durchsetzungskraft verstärkt, wie man sie aus dem Karma der Hausnummer schöpfen könnte, andererseits wird einem etwas offenbart oder man offenbart anderen etwas. Der Gedanke liegt nahe, daß man vielleicht wichtige Eingebungen hat oder zum Lehrer bzw. Vorbild für andere wird.

Nimmt man nun die Quersumme aus 11, so erhält man eine »2«. Sie weist auf empfangende, fremden Einflüssen geöffnete Eigenschaften hin, die unter dieser Anschrift erworben werden könnten. Sie wären in der Lage, die Bedeutung der Hausnummer »1« sanft abzurunden, ihr Wesen mithin geschmeidiger zu machen, könnten aber auch die Autorität und Durchsetzungsfähigkeit etwas einschränken. Gelegentlich mögen also Zweifel aufkommen.

Im letzten Schritt addiert man zum Ergebnis der Straße, wie sie eben berechnet wurde, auch noch die Hausnummer. Dann erhält man $56 + 1 = 57 = 5 + 7 = 12$, im Sinne von Opfer, Sühne, Prüfung, Belastungsproben. Dabei geht der Sinn recht elegant auf: Denn wo viel Stärke aus einer Vorbedeutung erwächst wie bei der Hausnummer »1«, ist auch mit einem gelegentlichen Härtetest zu rechnen. Genauso kommt es darauf an, aus einer starken Position heraus ein kleines Opfer für andere zu bringen, eigene glückliche Tendenzen auch an das Wohl der Gemeinschaft zu binden.

Die Quersumme der »12« ist schließlich eine »3«, die anzeigt, daß all diese Einzelelemente wahrscheinlich recht kreativ vereinigt werden. Man darf überraschenden Eingebungen vielfach trauen und wird auf großzügige Weise vom Schicksal für kleine Opfer entlohnt. In vielen Entwicklungen deuten sich kreative Tendenzen an, die im überragenden Bedeutungsgehalt der »3« gebündelt und auf einen Punkt gebracht werden.

So enthält denn die Hausnummer für sich die wichtigste Bedeutung, die an zentraler Stelle zu beachten ist. Alles andere sind im Grunde Untergrundströmungen, die das Bild der Hauptaussage lediglich differenzieren. Zusätzlich interessante Gesichtspunkte ergeben sich übrigens aus zweistelligen Bedeutungen von Hausnummern, bei denen zunächst der höhere Wert zu interpretieren ist, bevor man auf eine niedrigere Quersumme herunterrechnet. So beinhaltet etwa die Hausnummer »16« eine Anspielung auf leichte und mittelschwere Katastrophen, die es natürlich zu verhindern gilt. Man bemühe sich dann besonders korrekt im Umgang mit anderen zu sein, Verwicklungen zu vermeiden, Risiken gut durchzukalkulieren, sowohl was das Leben im näheren Umfeld der Wohnung betrifft als auch ganz allgemein. Zusätzlichen Rat, wie sich Pannen und Peinlichkeiten vermeiden lassen, gibt der Wert von Straßenbezeichnung und ganzer Adresse. Schließlich ist ein Blick auf die Quersumme von 16 (= 1 + 6 = 7) zu werfen. So ist in der »Katastrophe« bei Beachtung von Vorsichtsmaßnahmen zumindest der »innere Sieg« enthalten, wenn man nicht sogar alle äußeren Schwierigkeiten überwindet, die eventuell entstehen könnten. Auf Mystisches, Nachdenklichkeit, sprich sinnvollen Lebensernst weist die »7« als Neptunzahl auch noch hin, schließlich auf einen guten Zugang zum Unbewußten. Dies alles sind Merkmale, wie man ein gutes »Krisenmanagement« betreiben kann, wenn mal Dinge im Sinne der »16« verquer laufen. Nebenbei bemerkt wird sie nur ganz selten so destruktiv wirken, daß man ihr einen Einfluß zusprechen sollte, der, wie in der Deutungsübersicht bemerkt, auf »Bedrohung der Persönlichkeit« hinweisen würde. Dann müßten in den persönlichen Daten schon weitere problematische Werte, wie das Erscheinen von einer »8« oder »4«, vielleicht sogar gemeinsam und womöglich noch im Bunde mit einer »13« oder »15« auftreten.

Man wäre in solchen Fällen besonders gefährdet, wenn Belastungen in den persönlichen Gewohnheiten wie starker Alkohol- oder Nikotinkonsum hinzukämen, vielleicht auch Risiken aus dem eigenen Verhalten anderen gegenüber.

Hat man ein einigermaßen fein gegliedertes Bild davon erhalten, wie sich eventuell karmische Einflüsse aus der Hausnummer und vollen Adresse ergeben, werden diese Gesichtspunkte durch die Quersumme der Telefonnummer unterstrichen, abgemildert, erweitert oder ergänzt. Außerdem ist diese Zahl auch für sich gesehen zu betrachten.

Nehmen wir an, der Wohnungsinhaber mit der Adresse »Ferdinandstraße 1« habe den Telefonanschluß 36 175 84, so ergäbe sich in der Addition die Zahl 34 = 3 + 4 = 7. Da in den Werten aus seiner Anschrift noch nicht die »7« aufgetaucht ist, bekommt diese Bedeutung zunächst keine zusätzliche Betonung. Jedoch hat das Geheimnisvolle wahrscheinlich durchaus seinen Ausdruck. Man bekommt vielleicht zunehmend Interesse, sich mit altem Wissen und tiefgründigen Dingen zu beschäftigen. Merkwürdige Dinge mögen im Leben außerdem aufeinandertreffen, und manches kleine Rätsel gibt der Anschlußinhaber seiner Umgebung vielleicht auf. Etwas Undurchdringliches mag auch manchmal in seinem Wesen liegen.

All das wird aber wahrscheinlich nicht den Eindruck des Wunderlichen erwecken, da aus dem Karma der »1« (Hausnummer) eine gute Außenweltorientierung und realistische Anpassungen an die Umwelt zu erwarten sind. Jedoch könnte das Wesen der »1« durch träumerische Haltungen, wie sie im Sinne der »7« erscheinen, abgeschwächt werden. Man müßte sich jetzt auch noch genauer die personenbezogenen Daten anschauen, die letztlich der Aussage von Haus- und Telefonnummer überzuordnen sind. Eine kleine Warnung mag man schließlich darin sehen, daß ein Anschluß mit der Quersumme »7« eventuell mit »geheimnisvollen Andeutungen« zu tun hat, die zu Mißverständnissen führen oder die Kommunikation erschweren können. Grundsätzlich wird es jedoch richtig sein, die geheimnisvolle Schwingung, die sich hier andeuten könnte, im besten Sinne wahrzunehmen und ein wenig über sie zu meditieren.

# *Von der »23« bis zur »10 000«*

Zu den einstelligen Zahlen haben wir bereits eine ganze Reihe von Deutungsmöglichkeiten erfahren. Und im vorletzten Kapitel wurden auch die zweistelligen Nummernwerte, bis zur »22« in einer Übersicht dargestellt. Da sie sich im wesentlichen an die sogenannten großen Arkana des Tarot gehalten hat, hörten die Betrachtungen hier auf. Denn das alte Kartenorakel, das in seiner heutigen Form viele Verbindungen zur Kabbala aufweist, besteht aus genau 22 Hauptbedeutungsbildern. Sie werden allerdings noch durch die sogenannten kleinen Arkana ergänzt, die aber in der Numerologie keine vergleichbare Rolle spielen.

Aus der großen Reihe der Zahlen von »23« aufwärts sind natürlich nicht alle symbolträchtig, weshalb hier eine engere Auswahl getroffen wurde. Nutzen Sie die folgende Übersicht wiederum als Anstoß für eigene Gedankenkombinationen:

23 = Bei Cheiro ist geheimnisvoll vom »königlichen Stern des Löwen« die Rede. Erfolg und gedeihliche Entwicklung persönlicher Absichten sollen hiervon begünstigt werden. Man kann eventuell mit Protektion durch Höherstehende rechnen. Kissener deutet außerdem die Möglichkeit von Erbschaften an. Wahrscheinlich geht es hier manchmal auch um »geistige Erbschaften«, die Nachfolge, die von jemandem angetreten wird.

24 = Man bedenke: 24 Stunden hat der Tag. Und nach Endres/Schimmel umfaßte die »24« bei Pythagoras die Gesamtheit der Glieder des Himmels, »ist es doch auch die Anzahl der Buchstaben des griechischen Alphabets

und der musikalischen Töne: Musik als klanggeworde-
ne Zahl, Zahl als Hinweis auf die Sphärenharmonie.«
Bei Cheiro ist der Sinn der »24« ähnlich der vorhergehenden »23«. Es wird einem Hilfe und Unterstützung,
oft gerade durch einflußreiche Persönlichkeiten zuteil.
Sowohl Cheiro als auch Reichenstein bemerken im
übrigen freundliche Tendenzen, die für das Liebesleben zu erwarten sind. Liebe und Geld — so scheint es
— haben in der »24« eine gute Wegbegleiterin.

25 = Das 25jährige Jubiläum eines Menschen deutet auf ein
Vierteljahrhundert, das in einem bestimmten Beruf
oder bei einer Tätigkeit zugebracht wurde. Allgemein
hat diese Zahl etwas Rundes an sich und markiert meist
wichtige Etappen. Sie soll außerdem die Möglichkeit
zum Erfolg aus sich selbst heraus andeuten. So kündigt
sie nach Cheiro auch innere Stärke an. Jedoch seien
Entwicklung und Erfahrung nötig, vor allem auch ein
gut Teil Menschenkenntnis, um die eigentlichen geistigen Kräfte, die die »25« enthält, vollkommen zu entwickeln. So gehe sie auch mit Anfangsschwierigkeiten
einher. Hier klingt im Grunde der Gedanke an den
Mittzwanziger an: Jener junge Mensch, der bereits ein
paar Jahre erwachsen ist, sich aber doch noch beträcht-
lich die Hörner abstoßen muß. Erhält man die »25« für
Vorhaben und Projekte, ist sie folglich so auszulegen,
daß noch einiges reifen muß.

26 = Hier liegt eine Warnung vor Spiel und Spekulation vor.
Alles, was mühelosen Erfolg zu versprechen scheint,
sollte mit besonderer Vorsicht betrachtet werden. Da
die Quersumme aus »26« eine »8« ist, ergibt sich der
Gedanke, daß vielmehr mit Energie, Leistung und viel
Einsatz Dinge angestrebt werden sollten. Eigenschaf-

ten wie Disziplin und Genauigkeit müßten im Vordergrund stehen.

27 = Cheiro spricht davon, daß diese Zahl vom Bild eines Zepters symbolisiert werde. Insofern sei sie sehr förderlich. Herrschertum, Macht und gehobene Positionen werden angekündigt. Es geht hierbei um Kraft und Einfluß aus sich selbst heraus. Reichensteiner meint, daß sich vor allem versteckte Führungseigenschaften fördern ließen. Den Dingen kommt also unter der Sinnbedeutung der »27« vielfach ein Wesen zu, das noch auf unerwartete Möglichkeiten schließen läßt. Wahrscheinlich ist es hierfür wichtig, beim Vorantreiben sich selbst treu zu bleiben und besonders klare Zielvorstellungen zu entwickeln. Das heißt auch: ständig an sich zu arbeiten.

28 = Aus 28 Buchstaben besteht das arabische Alphabet. Und so spielt diese Zahl im Islam auch eine besondere Rolle. Hier wird sie unter anderem mit dem Mond in Verbindung gebracht, der für die religiöse Welt des Koran von ganz bestimmter Bedeutung ist. Außerdem handelt es sich bei der »28« um eine sogenannte vollkommene Zahl, da man sie durch 1, 2, 4, 7 sowie 14 teilen kann und die Summe dieser Teilungszahlen wieder 28 ergibt. In der Numerologie wird aber darauf hingewiesen, daß alles, was mit dieser Zahl in Verbindung steht, gründlicher Vorbereitung bedürfe. Wenn jedoch innere Widersprüche in Vorhaben geklärt sind, können sich oft unerwartete Erfolge einstellen. Menschen, die persönlich von dieser Zahl geprägt sind, sollten ebenso mit sich selbst ins reine kommen, damit sie nicht immer wieder von vorn anfangen müssen. Wahrscheinlich bedeutet die Vollkommenheit der »28« einen hohen An-

spruch, der auf ein ständiges Hin und Her und viele Anläufe im Erreichen hinweist.

29 = Mehr noch als die vorhergehende Zahl rät die »29« in der Numerologie zu umsichtigem Verhalten. Vorsicht ist hier angezeigt, besonders im Verhältnis zu anderen Menschen: Unzuverlässigkeit kann da im Spiel sein. So ist das Thema der Auseinandersetzung das Erfordernis, gute Menschenkenntnis und Umgangserfahrung zu entwickeln. Hierdurch lassen sich auch Täuschungstendenzen vermeiden. Auf Projekte und Angelegenheiten bezogen: Vorsicht vor Trugbildern! Gründlich Information sammeln und dann abwägen!

30 = Bezeichnend heißt es bei den Autoren Endres/Schimmel zu dieser Zahl: »In Rom war es das Alter, das der Mann erreichen mußte, um Volkstribun zu werden, und typischerweise beginnen in biblischer Überlieferung sowohl Moses wie Jesus ihr öffentliches Leben mit dreißig.« Denken wir auch daran: In unseren Tagen wird einem Menschen etwa vom dreißigsten Jahr an volle Reife zugesprochen. Daher schreibt die Numerologie der »30« vor allem geistige Bezüge zu. Allerdings schließe sie materiellen Erfolg nicht aus. Sie fordere dazu auf, sich entweder für das eine oder das andere zu entscheiden. Es gibt allerdings auch eine Warnung, manchmal nicht zu idealistisch zu denken. Denn dies könnte unter Umständen Weltfremdheit bedeuten — ein Gesichtspunkt, der in etwa darauf hinausläuft: Ein wirklich reifer Standpunkt beinhaltet das »Mit beiden Beinen auf dem Boden der Tatsachen stehen« ebenso wie geistige Perspektive.

31 = Die Quersumme aus dieser Zahl ergibt »4«. Das ist ein Hinweis auf manche Beschwerlichkeit. Die Bedeutung

von »Reife«, wie sie in der vorigen Zahl zum Ausdruck kommt, erfährt jetzt einen Zug zur Abkapselung und Entbehrung. Daher also auch: Warnung, sich durch Vorhaben zu isolieren. In der Situation oder im Menschen steckt ein Stück Rückzug nach innen. Nur sinnvoll, wenn es ganz bewußt so gewollt ist. Man muß in jeder Konsequenz voll dahinterstehen können und somit alles voll abgewogen haben.

32 = Quersumme: »5«. Das deutet auf geistig rege Aspekte und vielfältige Verbindungen hin. Eine ausgesprochene Beziehungszahl. Günstig, wenn Chancen erkannt werden und man etwas aus den guten Möglichkeiten macht.

33 = Endres/Schimmel weisen darauf hin, daß »Jesus 33 Jahre auf Erden lebte und David 33 Jahre regierte«. Und weiter heißt es zu dieser Zahl: »… ein Hinweis auf das Leben Jesu und führt hin zur 99, die eins unter der absoluten Vollendung auf Gott hindeutet. Ein ähnlicher Gedanke unterliegt dem islamischen Rosenkranz mit seinen 33 Perlen, die ein Drittel der ›schönsten Namen Gottes‹ repräsentieren.« Nach Reichenstein können Namensträger dieser Zahl großen Nutzen aus einer Ehe oder aus Freundschaften ziehen. Im Sinne der religiösen Vorbedeutung ist dafür aber wohl eine gewisse Selbstlosigkeit in den Motiven nötig. Dies gilt auch für Vorhaben, die mit der »33« in Verbindung stehen.

34 = Unterstützung kommt eventuell von »oben«. Denn nach Cheiro hat diese Zahl etwa dieselbe Bedeutung wie die »25« (beide Quersumme: »7«). Darin ist ein Hinweis auf innere Stärke, aber auch auf Arbeit an sich selbst enthalten. Eventuell: eine Bedeutung von Anfangsschwierigkeiten und Anfechtungen in jungen Jah-

ren. Ausgleichend wirken hier später Erfahrung und mäßige Impulsivität.

35 = Ähnlich wie bei der »26« Warnung vor Einstellung, auf leichtem Wege die Erfolgsleiter herauffallen zu wollen. In der Zusammenarbeit mit anderen müssen im übrigen Mißgeschicke vermieden werden. Angeblich auch Warnung vor Mißgunst und Verwicklungen, sowohl im Berufsleben als auch in der Liebe. Eventuell steckt in dieser Bedeutung ein Hinweis auf die Quersumme »8«, die als saturnisches Prinzip der Begrenzung oft auf Entbehrung und Entsagung hindeutet.

36 = Das Zehnfache dieser Zahl gibt die 360 Grad des Tierkreises. Insofern bedeutet sie etwas Rundes, in sich Geschlossenes. Daher erscheint eine ähnliche Bedeutung wie bei der »27«, die sich auf dieselbe Quersumme zurückführen läßt, nur zu plausibel, also: eine Zahl von Einfluß, Macht, gehobener Stellung. Ferner beinhaltet sie eine Aufforderung, sich selbst treu zu bleiben und sich nicht zu sehr durch fremde Einflüsse beirren zu lassen.

37 = In dieser Zahl steckt als Quersumme der Wert »10«, in klassischer Tarotbedeutung das (Glücks-)Rad des Lebens, in einem höheren Sinne: die neu zu erlangende Einheit mit dem Göttlichen, also mit dem ganzen Kosmos, neues Urvertrauen, »das Paradies wiedergefunden haben«. Daher spricht die Numerologie bei der »37« auch von glücklichen und vorteilhaften Beziehungen im gesellschaftlichen Leben, besonders in Freundschaften und Partnerschaften. Eine »überwiegend förderliche und glückbringende Zahl«.

38 = Warnung vor Unzuverlässigkeiten im Umfeld. Auch eine Bedeutung von Hinterlist, Verrat und Untreue als ungünstigen Eigenschaften, denen man begegnen kann. Neid oder mangelnde Menschenkenntnis auf der anderen Seite sollen die Wurzeln für Enttäuschungen sein, die man hier eventuell einzustecken hat. Also: Vorsicht mit anderen. Wer gewappnet ist, wird sich gegen Mißlichkeiten eventuell zu schützen wissen. Oder anders ausgedrückt: Einen möglichen Gegner, den man kennt, weiß man immer am besten in seine Schranken zu weisen.

39 = Übergang von einer Reifestufe zur nächsten. Denn wer nach dem dreißigsten Lebensjahr das nächste Mal »nullt«, betritt einen neuen Lebensabschnitt. Dabei gilt entweder: Noch höhere Lebenserfahrung oder Torschlußpanik. Die Bedeutung der Zahl kann also auf innere Ruhe hinweisen oder auf »noch nicht gelebte Dinge«, denen man hinterherläuft. Es ist Besinnung oder Krise. Doch schließlich beinhaltet jede Krise, Chance zu noch größerer Reife. Die »39« ist also Symbol von Übergangsstadien im menschlichen Wachstum. Denn bevor man das vierzigste Jahr überschreitet, ist die Angst vor dieser Grenze bekanntlich oft besonders groß. Und hinterher ist meistens alles nur halb so schlimm, wenn nicht eventuell sogar sehr schön.
Aus dem Gesagten läßt sich übrigens auch auf Gedankentiefe oder die Möglichkeit von Menschenkenntnis schließen, bei Vorhaben: Es geht um innere Reife. Man sollte seelisch eventuell noch ein Stück wachsen. Dann wahrscheinlich direktes Gelingen oder man wird »ein Stück weiser« bei der Sache.

40 = Endres/Schimmel weisen darauf hin: »Es ist bekannt, daß Muhammad seine erste Offenbarung im Alter von

etwa vierzig Jahren empfing — ein Alter, das in der Tat nicht nur dem Sprichwort nach, sondern psychologisch oft eine bestimmte Wende in der Entwicklung der Persönlichkeit darstellt, wie Biographien bedeutender Männer zeigen.« Das beinhaltet aber auch: Mit Vierzig sollte man seine Scheuer bereits einigermaßen gefüllt haben — entweder materiell oder geistig. Ein wichtiger Einschnitt wird erreicht. Jetzt ist kaum noch Zeit für »Jugendtorheiten«. Und doch wird diese Zeit wahrscheinlich erst so recht liebenswert, wenn man in der Lage ist, dann und wann noch über die Stränge zu schlagen. Sehr häufig hat die Zahl etwas mit Warten zu tun. Man erwartet ruhig die zweite Lebenshälfte, wenn man bis dahin sein Leben einigermaßen gelebt hat. Sonst heißt es, zum Endspurt ansetzen. Aber auch dabei wird geduldiges Abwarten — der »richtigen Momente« nämlich — vonnöten sein.

So sollen sich auch die 40 Tage Fasten vor Ostern mit Vorbereitung auf Kommendes erklären lassen. Oder Warten auch dort: »Vierzig Tage ist im Islam wie im Judentum eine Periode der Reinigung: Wöchnerinnen bleiben vierzig Tage unrein, die Trauer dauert vierzig Tage, und am Ende beider Perioden werden bestimmte Riten abgehalten. Diese Bedeutung lebt bei uns noch in der (vierzigtägigen) Quarantäne nach.« (Aus: Endres/ Schimmel, »Das Mysterium der Zahl«)

Numerologisch kann aus dem Gesagten der Schluß gezogen werden, daß es bei der Bedeutungszahl »40« um Einschnitte, Reifeperioden und Zeiten des Wartens geht. Bei Vorhaben: geduldige Vorbereitungen sind nötig. Dinge müssen sich entwickeln. Namensträger der Zahl »40« können mit Chance sehr viel Reife und Einsicht entwickeln. Jedoch warnt die Zahl auch vor innerem Rückzug. Kontakte und Geselligkeit sollten gepflegt werden.

Jüngere Namensträger müssen eventuell aufpassen, nicht zu ernst zu sein oder sich mit Problemen zu beschäftigen, die (eigentlich) noch nicht aktuell für sie sind. Kinder mit dieser Zahl könnten Neigung zur Frühreife entwickeln.

41 = Hat wie die »32« eine Verbindung zur Quersumme »5«. Daraus resultieren Beweglichkeit und die Möglichkeit mancher Kontakte. Wie Cheiro meint, ergeben sich oft Beziehungen zu Menschen vieler Nationen. Daher ist die »41« wie die »32« ein Ausdruck des Kosmopolitischen, das heißt, des Weltbürgerlichen, Universellen, Grenzen Überschreitenden. Dies ist jedoch nicht so zu verstehen, daß die eigene Herkunft vergessen werden sollte. Vielmehr wäre es gut, in einer Art geistigen Tradition zu Hause zu sein. So weist Reichenstein auch darauf hin, daß es richtig sei, an eigenen Absichten festzuhalten, und Cheiro betont im Zusammenhang mit der wesensgleichen Symbolik der »32« eigene Urteilsfähigkeit einer Persönlichkeit.

42 = Glückhaft, freundlich. Eventuell Protektion durch Höhergestellte. Vielleicht kann man aber auch aus der Ruhe einer Partnerschaft seine Talente und Fähigkeiten besonders entwickeln. Außerdem ist es wahrscheinlich gut möglich voranzukommen, indem die Frau ihre männlichen Tugenden ein wenig entwickelt oder indem der Mann seine weiblichen Seelenanteile zu einer gewissen Kultur bringt. Dabei werden oft auch musische Begabungen freigesetzt. Insofern ein Hinweis auf die harmoniebetonte Quersumme »6«.

43 = Nach Cheiro kommt dieser Zahl eine besondere Bedeutung zu: Ein Warnzeichen, das durch Bilder von Aufruhr und Zwist charakterisiert werde. Man sollte

sich also ein Gespür für Situationen und Umstände zunutze machen. Dabei ist eine Gratwanderung zwischen rechtzeitigem Erkennen von Gegnern und unangebrachtem Mißtrauen erforderlich. Reichenstein hält große Erfolge genauso für möglich wie Fehlschläge durch Feinde oder falsche Freunde. Im Grunde kommt es wohl auf eine gewisse Wachsamkeit in der Situation an. Für Namensträger der Zahl werden die getroffenen Feststellungen eventuell als Grundkarma gelten, das sich abschnittsweise immer wieder durchs Leben ziehen mag.

44 = In der Quersumme ergibt sich die saturnische »8«. Als einschränkendes Prinzip fordert sie zu Vorsicht, Zurückhaltung und umsichtigem Verhalten auf. Man prüfe insbesondere Pläne und Vorhaben. Warnung vor Spekulation! Viel harter Einsatz kann Risiken viel mehr abmildern. Daher empfiehlt sich gute Vorbereitung in allem, was man unternimmt.

45 = Diese Zahl ist auf die »9« zurückzuführen. Reichenstein spricht daher auch von starken, schöpferischen Naturen. Antriebsimpuls, Voranschreiten, kämpferische Fähigkeiten sind ausgeprägt. Ebenso wie bei der »27«: »Herrschertum, Zepter, Macht.« Einerseits wird davor gewarnt, sich beeinflussen oder vom Weg abbringen zu lassen. Andererseits scheint es doch angezeigt, den Helm nicht gar zu sehr runtergeklappt zu haben. Ein wenig sollten andere einen schon erreichen können. Doch wird es oft um eine Zielphase bei Angelegenheiten gehen, in der es gilt, sich relativ unbeirrt auf seine Dinge zu konzentrieren. Für Namensträger wichtig: Einfluß sollte in gesellschaftlicher Verantwortung stehen.

46 = Endres/Schimmel schreiben: »Die Zahl des Tempel-
baus (Joh. 2, 20) weist auf den Leib Christi hin, der
nach 46 × 6 = 276 Tagen nach der Empfängnis in die
Welt trat. Aus dem Zahlenwert des griechischen Wortes
Adam, nämlich 1 + 4 + 1 + 40, wurde ebenfalls die 46
für den menschlichen Aspekt Jesu gewonnen.« (Wobei
der Buchstabe »m« in »Adam« gegenüber seinem üblichen Wert verzehnfacht wurde, was in bestimmten Zusammenhängen möglich ist.) Hiermit gibt es einen Hinweis auf den Adam Kadmon, den idealen Menschen in
der Kabbala, der die 10 Sefirot Erscheinungsformen
des Göttlichen in der Welt wiedergibt — insofern auch
ein Bezug zur Zahl »10«, der Quersumme von »46«.
Erinnern wir uns in diesem Zusammenhang: »10« ist
jene geheimnisvolle Zahl, die eine neu zu erlangende
Einheit des Menschen mit der ganzen Schöpfung darstellt, neues Urvertrauen, das »wiedergefundene Paradies«.

Von daher kann die Zahl auf ganz besondere Augenblicke aufmerksam machen, vielleicht auf Situationen,
denen mit einem irgendwie feierlichen Gefühl zu begegnen ist. Man könnte der Aussage auch einen Sinn
entnehmen, daß Herz und Verstand zusammenwirken
sollen. Indes wird darauf hingewiesen, daß Namensträger dieser Zahl sich im Zweifel besser vom Gefühl leiten lassen. (Rein) rationale Entscheidungen könnten zu
Enttäuschungen führen.


47 = Man achte auf Ort und Situation. Manche treffen immer auf die falschen Leute oder auf die falschen Umstände. Besonders vor Umgang, der nicht zu einem
paßt, wird gewarnt. »Falsche Freunde« können schaden
(siehe im übrigen auch: »29«).

48 = Man stärke seine Entscheidungskraft. Als Hilfsmittel: Bilanzen von pro und kontra erstellen, vielleicht sogar schriftlich. Irgendwann muß man sich dann aber durchringen. Trainingshilfe: Vom Brett ins Wasser springen (entweder real oder Vorgang immer wieder geistig vor Augen halten). Weitere Aussagen: siehe »30«.

49 = Diese Zahl stellt das Quadrat der heiligen »7« dar und ist insofern recht geheimnisvoll. Mystisches und Erhabenes können hier angedeutet sein. Karmaträger der »49« sollten einen weihevollen Weg ihrer persönlichen Entwicklung gehen, sich dabei aber vor Abkapselung hüten. Ein Zug zum Eremitischen, inneren Rückzug und Askese sind in der Symbolik enthalten. Daher: Trotz eventuell vorhandener Inspiration durch Höheres guten Umweltkontakt pflegen. Vorübergehend könnte man sogar in eine »gesunde Oberflächlichkeit« eintauchen (dies aber nur bei sonst bewußter Haltung). Bei Projekten und Absichten: Es ist förderlich, seine Intuition zu gebrauchen. Gute Zusammenarbeit mit anderen kann möglicherweise zu erwartenden Beschwernissen entgegenwirken. Im übrigen: Realismus pflegen und Sinn für »gesunden Menschenverstand« schulen.

50 = Diese Zahl bezeichnet ein Alter, in dem man ein wenig Weisheit erlangt haben sollte. Es geht um Klärung der inneren Natur: seelische Bilanzen aufstellen. In dem Zusammenhang Endres/Schimmel: »Da der 50. Psalm eine Sündenklage enthält, spielt Fünfzig in der Allegorese auch auf Reue und Vergebung an — waren doch die zehn Gebote darin enthalten, denen die fünf Sinne nicht immer gerecht werden können.« (Aus: »Das Mysterium der Zahl«)
Für Projekte und Vorhaben heißt das: Kann ich mein Tun moralisch vertreten? Wenn ja: Handlung aus wahr-

scheinlich reifer Entscheidung, wenn nein: Vorsicht und nochmals überdenken! Da die Quersumme der »50« eine »5« ergibt, ist in der Zahl im übrigen ein Hinweis auf gute Verstandesgaben enthalten. Namensträger dieses Karmas wissen sich denn meist auch zu helfen, oft kommt auch Unterstützung von außen. Man sollte dennoch einigermaßen unbeeinflußt der eigenen Urteilskraft trauen. Denn ausgeprägte Verstandesgaben sind hier oft mit ein wenig »Weisheit« verbunden.

51 = Obwohl sich diese Zahl auf die eher harmoniebetonte »6« zurückführen läßt, spricht ihr die Literatur allgemein gute Führungseigenschaften zu. Hier ist der »Offizier im Leben« gemeint, jemand der Verantwortung bereitwillig übernimmt und andere gern leitet. Daher andererseits auch Anpassungsschwierigkeiten und eventuell mangelhaft ausgeprägte Fähigkeit, sich unterzuordnen. Bei Vorhaben: Warnung vor unüberlegten Handlungen. Ansonsten gutes organisatorisches Talent. Takt im Umgang wird Gelingen begünstigen.

52 = Ähnlich wie »43«: Unruhen, Wirrnisse, Aufruhr und Zwistigkeiten können erwartet werden. Aber: Bei entwickelter Lebenserfahrung und guter Menschenkenntnis ausgleichende Tendenzen. Man sei einerseits nicht zu vertrauensselig, vermeide aber dennoch übertriebenes Mißtrauen. Auch wer übertriebenen Oppositionsgeist zurückhält, hat eventuell die besseren Chancen.

53 = In der »53« ist als Quersumme die saturnische »8« enthalten. Daher Bedeutung von Arbeitsgeist, Disziplin und Leistungsmotivation. Es ist in diesem Falle auch ein besonderer Hinweis auf Verschwiegenheit und Treue enthalten. Bei Plänen und Absichten ist somit eventuell diskretes Verhalten erforderlich. Außerdem

sollten Dinge hier mit guter Belastungsfähigkeit auf längere Strecken angepackt werden. Eventuell kann man diese Eigenschaften bei einem Partner erwarten.

54 = Nicht zuviel investieren! Genau herausfinden, wo es sich lohnt. Denn zuviel Ehrgeiz oder Gutmütigkeit werden oft nicht honoriert. Ansonsten: Guter Elan und entwicklungsfähige Impulse sind vorhanden. Zunächst jedoch Nutzen/Aufwandsrelation kalkulieren.

55 = Wer die Verstandesgaben der zweifachen »5« nutzt, wird Irrtümer im Alltag vermeiden. Eventuell sehr rege Geisteshaltung, gute Kontaktmöglichkeiten. Man suche nach ausbaufähigen Chancen, dabei jedoch Kritikfähigkeit einsetzen. Über den Sinn der »10« und der »1« meditieren, beide als Quersummen enthalten.

56 = Läßt sich auf die »11« zurückführen. In der Hinsicht liegt oft stark geistige Betonung vor, während materielle Gesichtspunkte zurücktreten können. Manchmal aber dennoch erfinderischer Sinn. Vieles wird erneuert, verändert, mit frischen Impulsen versehen.

57 = Quersummenbedeutung im Sinne der »12«: Opferleistung. Wahrscheinlich daher Warnung in der Literatur vor zu großer »All-Liebe«. Wo sie in einem anderen Fall günstig und richtig ist, fordert die »57« doch zu einer gewissen Zurückhaltung auf. So wird es auch gut sein, sich einer zu großen Vertrauensseligkeit zu enthalten.

58 = Stärke, Kraft, Ich-Entfaltung, manchmal übertriebenes Selbstbewußtsein oder autoritäre Ansprüche. Und selbst bei ausgewogenen Situationen oder entwickelter

Persönlichkeitsstruktur ist verantwortungsvoller Gebrauch der Fähigkeiten angezeigt.

59 = Das Zusammenwirken männlicher und weiblicher Pole kann gestört sein. Zu große Unbekümmertheit im Umgang mit der Natur kann zu »unökologischen« Entwicklungen führen. Wichtig daher: Handlungsweisen, die in »die Landschaft passen«, auch Harmonisierung der inneren weiblichen und männlichen Seelenanteile.

60 = Endres/Schimmel verweisen im Zusammenhang mit der »60« unter anderem auf talmudische Gedankengänge. Danach ist Feuer $\frac{1}{60}$ der Hölle, Schlaf $\frac{1}{60}$ des Todes, ein Traum $\frac{1}{60}$ des Prophetentums. Insgesamt ist es eine sehr harmonische Zahl. Man denke daran, daß sie sich auf die venushafte »6« zurückführen läßt, selbst eine »vollkommene« Zahl, die sowohl in der Summe als auch in der Multiplikation das Produkt ihrer Teile ist, denn $1 + 2 + 3 = 6$ und $1 \times 2 \times 3 = 6$. Man kann die Zahl »60« in gewissem Sinne als »die große 6«, die Vervielfachung der Harmonie auf einer höheren Ebene betrachten. Dennoch hat sie auch eine andere Seite. Denn wir wissen: »Feuer ist $\frac{1}{60}$ der Hölle.«
Und so muß mancher auch manchmal viel durchmachen, der mit dieser Zahl zu tun hat. Vielleicht stößt sein ausgeprägtes Liebesbedürfnis nicht immer auf Resonanz. Oder es ist eine Triebhaftigkeit vorhanden, die andere Lebensbereiche zu sehr bindet. Vielleicht aber werden auch Harmonievorstellungen entwickelt, die von der Umgebung nicht mehr nachzuvollziehen sind. Die Ausrichtung auf Trieb und Ästhetik kann hier manchmal geradezu übertrieben sein. In bezug auf Vorhaben und Projekte sollte man im übrigen auch praktische Gesichtspunkte nicht vergessen. Dann findet man

Bezug zu einem geschlossenen Ganzen, wie es der Anspielung auf 6 × 60 Grad im Tierkreis entspricht.

61 = Quersumme: »7«. Geheimnis, Priesterschaft, Lehrertum sind hier enthalten. Man hat eventuell Einfluß auf Gruppierungen oder auf die Masse. Insofern meist auch gute Voraussetzungen in öffentlichen Medien. Gedankenkraft sollte jedoch sozial verantwortet sein. Dann können viele fortschrittliche Impulse vorhanden sein.

62 = Wieder eine Saturnzahl — man denke daran, daß sie sich auf die »8« zurückführen läßt. In diesem Fall: Hervorragende Ergebnisse, die sich aus außergewöhnlichem Einsatz ergeben. Dabei: »langer Atem« unbedingte Voraussetzung. Läßt bei Namensträger dieser Zahl eventuell darauf schließen. Vorsicht aber vor unökonomischem Energieaufwand, da Tendenzen zur Überarbeitung vorhanden sind. Depressiven oder melancholischen Momenten ist entgegenzusteuern. Daher auch guten Umweltkontakt halten.

63 = Läßt unter Umständen auf geistiges Pioniertum schließen. Manchmal hochentwickelte Antriebskraft. Das bedeutet auch: Vorsicht! Nicht übers Ziel hinausschießen! Vor allem auch sinnvolle Abstimmung mit anderen. Ideen können sich dann entfalten, wenn man sie seiner Umwelt richtig »verkauft«.

64 = Vollkommenheit und Einheit mit allem werden hier geheimnisvoll angedeutet. Denn 64 chemische Buchstaben enthält der genetische Code. Aus 64 möglichen Situationen, denen man im Leben begegnen kann, besteht das I Ging, jahrtausendealtes chinesisches Orakel. Und 64 Felder hat schließlich auch das Schachbrett.

Zudem handelt es sich um eine in der Quersumme auf »10« reduzierbare Zahl — insofern auch Einheit mit dem ganzen Kosmos. Ferner läßt sich die 10 weiter auf die sonnenhafte »1« zurückführen, was ein Zeichen von Ichstärke und Fähigkeiten vermuten läßt. In der Numerologie wird jedoch auch vor Zersplitterung der Energie gewarnt und zu Konzentration und Geduld aufgefordert.

65 = Die »kleine Erleuchtung« im Alltag kann hier genauso angesprochen sein wie der große Genius. Die Zahl verweist eventuell auf einen Zusammenhang von großer Inspiration. Doch oft kann der Mensch das Gesehene nicht fassen. Insofern liegen Genie und Wahnsinn hier manchmal eng beieinander. Daher wichtig: Eindrücke integrieren, Geistigkeit bedarf auch körperlichen Ausgleichs, »Verarbeitungspausen« einlegen. Materielle Grundlagen nicht vernachlässigen.

66 = Manchmal Anfeindungen und Kontroversen. Innere Triebnatur sollte verfeinert und kultiviert werden. In der Zahl ist manchmal ein Hinweis auf Übersinnliches enthalten, dabei gleichzeitig eine Warnung vor negativer Gedankenkraft.

70 = Eventuell große mystische Weihen. Man achte auf »Hintersinn« von Ort und Umständen. Manchmal hat die Zahl auch etwas mit »Priesterschaft im Alltag« zu tun. Insofern gut für religiöse und soziale Motivation. Gelegentlich ein Zug zur Melancholie enthalten. Dann Kontakt nach außen fördern, sich mehr für »Brot und Spiele« interessieren.

72 = Endres/Schimmel weisen darauf hin, daß sich der Frühlingspunkt der Sonne alle 72 Jahre um einen Grad

verschiebt. Von daher enthält die Zahl eine Anspielung auf das geschlossene Ganze des Tierkreises. Und die keltische Überlieferung spricht von 72 Kapellen, aus denen der Gralstempel bestehe. Ferner enthalte in biblischer Überlieferung der »große Name Gottes« 72 Buchstaben. Insofern hat diese Zahl etwas Kathedralenhaftes, ein Geheimnis, das sich nur schwer benennen läßt. Jeder mache sich daher seine eigenen Gedanken, die zu seinem Schlüssel näherführen. Manches darf erahnt werden, vieles sollte in »unbewußter Weisheit« verschlossen bleiben.

 99 = Hohe Berufung. Eins vor der Vollendung. Alles ist aufgerufen, sich dem Göttlichen zu nähern. Insofern enthält diese Zahl auch eine starke Verpflichtung. Wer wird ihr gerecht werden?

100 = Erfüllung finden, Absolutes suchen, Dinge zu einem gelungenen Ende bringen. In sich selbst rund sein. Aufforderung zu innerer Vollendung. Hinweis auf eine ganze Gruppe. Die gesamte Gemeinschaft ist angesprochen.

101 = Überschreitet die »100« noch. Daher: Ausrichtung auf das, was »hinter den Horizonten« liegt. Jenseitsausrichtung. Reinkarnationsvorstellungen.

120 = Eventuell: das große mystische Opfer. Vielleicht aber auch Hinweis auf »gute Wünsche« von anderen.

144 = Möglicherweise ähnliche Opferbedeutung wie vorher, da es sich hier um eine Vervielfachung der »12« handelt (12 × 12). Insofern vielleicht auch das Opfer, das man nicht verstehen kann. Außerdem Hinweis auf den Tier-

kreis von 12 Sternzeichen. Daher auch Züge des Vollkommenen enthalten.

153 = Hinweis auf gute Anhängerschaft. Mit der Moral ins reine kommen.

248 = Gericht, Strafe. Daher wahrscheinlich: Dinge, die besser vermieden werden sollten.

270 = Das »Eine«, das für sich steht (Zahl des Monotheismus: »Du sollst keine anderen Götter haben neben mir«). Und zwar als »Neunerzahl«, die auf das Absolute der »10« hinweist.

360 = Zahl des Tierkreises: Rund, in sich geschlossen, groß, erhaben. Das gleiche gilt für »365«, denn soviel Tage hat das Jahr.

666 = Hier wird nach mystischer Überlieferung von Dunklem und Unheilvollem gekündet. Man vergleiche etwa Offenbarung des Johannes: »Wer Verstand hat, der berechne die Zahl des Tieres, denn es ist eines Menschen Zahl und seine Zahl ist 666.« Und vorher: »Und ich sah ein Tier aufsteigen aus der Erde; und hatte zwei Hörner gleich wie ein Lamm und redete wie ein Drache.« Unheimlicher Sinn hängt mit diesem Tier zusammen, denn es heißt: »Und tut große Zeichen, daß es auch machet Feuer vom Himmel fallen vor den Menschen.« »Und es macht, daß die Kleinen und die Großen, die Reichen und die Armen, die Freien und die Knechte, allesamt sich ein Malzeichen geben an ihre rechte Hand oder an ihre Stirn« »...daß niemand kaufen oder verkaufen kann, er habe denn das Malzeichen, nämlich den Namen des Tieres oder die Zahl seines Namens.«
Es ist das Tier der Apokalypse. Moderne Mystik geht

indes nicht von einem »Weltuntergang« in historischer Zeit aus — obschon auch der stattfinden könnte, wenn sich das menschliche Geschlecht in seinem Tun und Handeln nicht anders besinnt — vielmehr sollte wohl die Apokalypse als ein innerer Vorgang gemeint sein. Dieser kann individuell oder kollektiv stattfinden. In seinem besten Sinn führt er dahin, das Sauriererbe im Menschen zu überwinden — auf daß unsere Kultur in die Lage versetzt werde, umweltgerecht mit den menschlichen Verstandesgaben umzugehen. Die Unersättlichkeit des Konsums, der Raubbau an der Natur ist also in ein kulturelles Verhalten zu überführen, das unserer hochentwickelten Hirnausstattung entspricht. Sonst wird das Tier allen »ein Malzeichen« an die Hand geben oder an die Stirn.

Bei dem Tier der Apokalypse handelt es sich folglich um tierische Triebnatur, die mit den Gaben des stammesgeschichtlich überdimensional gewachsenen Großhirns nichts Rechtes anzufangen weiß. Ihre Überwindung bedeutet auch eine vom Herzen her erfahrene Sexualität, in der Sexualpartner nicht in endloser Gier nachgerade verzehrt werden, sondern ein Erlebnis des ganzen Menschen, als wirklich kulturschaffendes Ereignis. Ein wichtiger Schritt auf dem Weg, das Helle vom Dunklen zu scheiden.

1000 = Sehnsucht nach Überwindung. Das »goldene Zeitalter«, aber auch das Trugbild davon, die Pervertierung dieses Gedankens, etwa: Hitlers »1000jähriges Reich«. Dramatischer Irrtum und Hoffnung können in der Zahl »1000« somit dicht nebeneinanderliegen. Ansonsten im allgemeinen ein Bild von Reichtum. Man denke an »Tausender« als Geldscheine.

1001 = Eine Unendlichkeitsbedeutung. Entrückt, schön, märchenhaft, verklärt, fern. Eventuell aber auch: zu schön, um wirklich wahr zu sein. Schließlich: Verzückung und Romantik. So liegt auch die Verbindung zu den »Märchen von 1001 Nacht« nahe — unendlicher Gedankenfluß, ewiges Werden und Vergehen, Strom des Unbewußten, die unendliche Geschichte.

10 000 = Deutet wahrscheinlich auf »Unfaßbares« hin. Eine Zahl, die der normale Verstand sich nicht recht vorstellen kann. Symbol der großen Menge. Vielfältigkeit, Vervielfältigung. Aber auch Sinnbild sozialer Macht, zum Beispiel: die »oberen Zehntausend«.

Sie haben hier die Deutungsmöglichkeiten für eine ziemlich große Menge mehrstelliger Zahlen erhalten. Dazwischen und danach bestehen Lücken, da die entsprechenden Werte nicht oder kaum symbolisch besetzt sind. Manchmal kann sich aus rechnerischer Nachbarschaft zu einer der hier dargestellten Zahlen ein Sinn ergeben. Es ist bestimmt aber viel genauer und von daher aussagekräftiger, wenn Sie in kleinen Studien herausfinden, welchen Begriffsschlüsseln bestimmte Zahlen entsprechen, über die Sie etwas in Erfahrung bringen möchten. Zum Beispiel haben Sie in irgendeinem Zusammenhang die Zahl »276« errechnet, und Sie möchten nun wissen, was dies vom mehrstelligen Wert her bedeuten könnte.

Wenn Sie in einer freien Minute ganz beliebige Worte und Begriffe entschlüsseln, so erhalten Sie im Laufe der Zeit eine sehr große Liste oder Kartei, in der Sie eventuell auch ein bedeutungskräftiges Wort mit der exakten Zahl »276« finden. Ein von Ihnen errechneter Name hat dann etwas mit einem ganz bestimmten, nun ebenfalls von Ihnen errechneten Begriff zu tun. Dies ist zwar eine sehr langwierige Prozedur. Sie kann unter Umständen aber recht lohnend sein. Bei all Ihren Berechnungen sei Ihnen im übrigen recht viel Spaß gewünscht! Es kann eine sehr entspannende und beruhigende Tätigkeit sein.

# Zahlenmeditationen
## von »1« bis »12«

### Von der Einheit in der »1«

Heinrich E. Benedikt bezeichnet in seinem Buch »Kabbala«, Bd. 1., den Kreis als das Symbol der »1«. In sich rund, geschlossen, ganz, repräsentiert er das Wesen dieser Zahl. Aus dem Einen ist das Viele entstanden. »Am Anfang war Gottes Wort«, das alles hervorbrachte. Der Naturwissenschaftler würde das in seiner Sprache vielleicht mit »Urknall« übersetzen, aus dem das Universum entstanden sein soll — zu Gasen gebündelte Materie, die sich explosionsartig in Raum und Zeit ausgebreitet hat. Hieraus sind Planeten, Kometen und alle Himmelskörper entstanden. Damit war in diesem Urereignis bereits auch alle Materie mit ihren vielfältigen Lebensformen auf unserem Globus angelegt. Es kommt jetzt auf den philosophischen Standpunkt an, hinter diesem Geschehen einen intelligenten, schöpferischen Geist zu vermuten oder zu unterstellen, die Materie habe sich quasi aus sich selbst heraus weiterentwickelt.

Aber, wie im Samen eines Baumes bereits die ganze Pflanze in ihrer späteren Form enthalten ist, liegt im ersten, was in diesem Universum als sogenannter Urknall in Erscheinung trat, bereits der ganze Kosmos mit seinen unzähligen Erscheinungsformen begründet. Daher ist alles, was existiert, gleichsam ein »Abbild« des ersten Geschehens. Und alles, was besteht, spiegelt alles andere, was in Raum und Zeit ist, wider. In jedem von uns ist folglich die Idee des ganzen Universums enthalten. Die Gliederung in das Viele läßt uns jedoch an der Illusion teilhaben, alles sei verschieden, jedes etwas anderes, das eine sei vom anderen strikt getrennt — so wie es von der Zahl »2« symbolisiert wird, von der an die eigentliche Welt der Zahl beginnt. Denn in der »1« gibt es die Gliederung und Unterscheidung noch nicht. Alles ist in dieser Zahl in der Tat immer wieder nur »1« — sozusagen der Ursuppe von Gasen vergleichbar, die vor der Zeit war, dem Urknall vorherging.

Als geistiges Symbol gibt uns die Zahl »1« eine Erinnerung daran. Sie ist außerdem ein Ausdruck dafür, daß alles Leben auf tierischem Entwicklungsniveau kraft der Instinkte noch eng an den Zusammenhang des Ganzen und Einen gebunden ist. Man sagt insofern, das Tier und unsere tierischen Vorfahren lebten in einer Urverbundenheit mit dem ganzen Kosmos, da ihnen die Illusion der Gliederung und Unterscheidung fremd sein mußte.

Unser Verstand, der sich stammesgeschichtlich aus der Entwicklung der Großhirnrinde ergeben hat, gab uns die Fähigkeit zu unterscheiden, machte uns zu dem, was wir sind, nämlich Menschen. Damit verlieh er uns unglaubliche Fähigkeiten, die Natur zu beherrschen. Er entfremdete uns aber auch von dem Einen und Ganzen, vom Kosmos in seiner Gesamtheit, in den alles Leben sonst natürlich eingebunden ist. Unsere Gattung erlag dem »Sündenfall«, der als biblische »Erbsünde« von Generation zu Generation weitergegeben wird: Unterscheidungsfähigkeit (zwischen uns selbst und den Dingen um uns herum).

Ein Baum, den wir als Erwachsene wahrnehmen, ist nach diesem »Sündenfall« wahrnehmungsmäßig nicht mehr mit uns verbunden, sondern etwas anderes als wir selbst — ein Objekt unserer Wahrnehmung. So verhält es sich auch mit allen anderen Gegenständen, die wir sehen oder etwa ertasten können. Etwas anders ist dies noch bei einem Kind. In gewisser Weise ist es — hat es doch erst kurze Zeit den Mutterleib verlassen und ist noch mit geringen Mitteln verstandesmäßiger Unterscheidung ausgestattet — mit seiner Umgebung geradezu verschmolzen. So erscheint ihm die Welt irgendwie märchenhaft, verzaubert. Bäume haben Gesichter, Tiere — so denkt es — können sprechen. Warum sollten die Dinge um den jungen Erdenbürger auch so viel anders sein als er selbst? Oft kriegt er die Unterscheidung überhaupt nicht hin. Dann gehen seine Umgebung und die eigene kleine Persönlichkeit ineinander über. Hier liegt also eine viel intensivere Verbundenheit mit der ganzen Welt vor als beim späteren Erwachsenen. Und so schlecht kann das wohl nicht sein. Denn nicht umsonst sagte Christus: »Lasset die Kindlein zu mir kommen, denn ihrer ist das Himmelreich.« Vermutlich ist hierin der Gedanke enthalten, daß Kinder noch eine lebhaft empfundene Verbindung zum ganzen Himmelszelt (sprich Kosmos, Universum, All haben, zu allem, was existiert, lebt und ist) haben.

Als meditative Möglichkeit wollen wir es daher betrachten, wieder ein Stück zu werden wie die Kinder. Man kann dies auf verschiedene Weise erreichen. Hierzu sollen jetzt unterschiedliche Wege beschrieben werden.

Betrachten Sie etwas, das Sie als sehr schön erleben — vielleicht eine wundervolle Rose. Setzen Sie sich in einer Entfernung davor, die Sie als angenehm empfinden. Halten Sie das Betreffende ruhig im Auge. Ihr Blick darf gern auch einmal abschweifen, aber kommen Sie immer wieder auf den Gegenstand Ihrer Betrachtung zurück. Blicken Sie ihn freundlich an, und seien Sie ihm innerlich zugewandt. Lassen Sie seine Poesie in Ihnen aufgehen. Stellen Sie sich zum Beispiel vor, er könne Ihnen etwas mitteilen. Vielleicht wird er Ihnen ein kleines Geheimnis offenbaren. Versuchen Sie daher in irgendeiner Weise eine Art Zwiegespräch mit ihm herzustellen. Es kann auch eines ganz ohne Worte sein.

Es wird gut sein, hierbei eine Haltung zu entwickeln, die dem entspricht, wenn man einen Menschen ganz verliebt anschaut. Versenken Sie sich also regelrecht in das Wesen des Betrachteten. Und lassen Sie allmählich die Grenzen zwischen dem Gesehenen und sich selbst verschwimmen. Gehen Sie mit ihm ineinander über. Werden Sie eins! Erleben Sie, wie das Geschaute in Ihnen aufblüht und wie Sie selbst sich in dem, was Ihnen gegenüber ist, wiedererkennen. Sie sind es, und es wird ein Stück von

Ihnen. Bewahren Sie das Gefühl, wenn es auf dem Höhepunkt ist, ein wenig im Herzen. Sie werden sich im rechten Moment wieder daran erinnern. Dann lassen Sie das Erlebnis langsam ausklingen. Bleiben Sie noch einige Momente entspannt sitzen, reiben Sie sich die Augen, strecken Sie die Arme aus, räkeln Sie sich. Holen Sie sich wieder in Ihre vertraute Wahrnehmung und Ihr gewohntes Bezugssystem zurück. Denn jeder Meditationsvorgang muß sauber abgeschlossen werden. Anderenfalls kann es nach einer starken Versenkung zu wachtraumähnlichen Zuständen kommen, die in der Lage sein könnten, das mit beiden Beinen in der Welt Stehen einzuschränken.

Auch, wenn Sie wieder in die Gegenwart und vertraute Wahrnehmungsmuster eintauchen, wird Ihnen von dem schönen Erlebnis jedoch nichts genommen. Denn mit der Zeit bleibt immer mehr ein Stück davon als Erfahrung in Ihnen zurück. Strengen Sie sich daher auch nicht an, wenn ein inniges Gefühl von Verbundenheit mit dem Gegenstand Ihrer Betrachtung sich nicht gleich einstellen sollte. Beim nächsten oder übernächsten Mal wird es schon etwas intensiver werden — und dann noch ein bißchen mehr.

Alles soll ganz leicht gehen, wie von selbst. Lassen Sie sich von einem Gefühl der Liebe einfangen, irgendwie bezaubern und verzaubern. Wenn man alles ganz natürlich geschehen läßt, ohne vom Verstand her etwas zu »machen«, kommt das Schöne spontan auf einen zu. Es stellt sich einfach ein und ist da. Lassen Sie es passieren.

Manchmal kann es sein, daß sich die vielen Gedanken, die man im Kopf hat, nicht ganz abschalten lassen. Vielleicht denkt man auch an irgendwelchen Kummer, und wird ihn nicht los. Oder irgendwie kommt durch die Stille des Moments sogar ein vorübergehendes Gefühl von Traurigkeit auf. Das ist dann keineswegs schlimm. Durch unsere Gedanken, Geschäfte und Tätigkeiten wollen wir ja gerade diese Dinge oft verdrängen. Eben deshalb können viele Menschen nicht abschalten. Der Verstand bleibt immer auf vollen Touren, damit nur ja keine Stille aufkommt. Wenn wir aber störende Gedanken einfach zulassen und sie genauso ruhig betrachten, wie den schönen Gegenstand vor uns, werden sie nach einer Weile von selbst weggehen. Lassen Sie also störende Eindrücke »kommen und gehen wie Wolken am abendlichen Himmel«. Seien Sie ganz ruhig, und lassen Sie sich wieder von der Schönheit der Sache einfangen, in die Sie sich versenken. Am wichtigsten ist, daß Sie das Ganze nicht wollen, sondern einfach nur zulassen. Vergessen Sie daher, etwas zu wollen, und seien Sie einfach nur ruhevoll aufmerksam.

Und wenn Sie zwischendurch mal etwas müde werden sollten, ist das ein sehr gutes Zeichen. Es bedeutet, daß Wille und Verstand ihr Regiment jetzt zeitweise etwas aufgeben, Ihr Unbewußtes wird sich jetzt mehr einschalten. Und mit Chance kann es Sie dazu verführen, sich ruhig etwas gehen zu lassen. Geben Sie dann nach.

Eventuell kann Ihnen bei der ganzen Sache eine schöne Klaviermusik sehr helfen oder Meditationsklänge, die in der Lage sind, Sie innerlich noch mehr aufzuschließen. Entsprechende Kassetten erhält man über den Buch- und Musikwarenhandel. Nehmen Sie sich für Ihr kleines Erlebnis genug Zeit, und sorgen Sie vorher dafür, daß Sie ungestört bleiben. Hinterher wird es gut sein, sich aktiv seinen Angelegenheiten zu widmen. Vielleicht haben Sie dabei jetzt ein recht erfrischtes Gefühl. Und schön wäre es, wenn Sie spontan alles, was Sie sehen, mit etwas mehr Liebe als vorher betrachten können. Gewinnen Sie dem Blick aus dem Fenster seine schönen Seiten ab, nehmen Sie die Gegenstände des alltäglichen Bedarfs so in die Hand, als wäre auch das Unscheinbarste etwas besonders Schönes. Geben Sie allem, was um Sie herum ist, Ihre Liebe. Fühlen Sie beim Atmen innerlich durch, wie Sie Kraft von Ihrer Umwelt aufnehmen und wieder etwas Positives abstrahlen. Fühlen Sie mit jedem Atemzug, wie die Verbundenheit mit Ihrer Umgebung wächst. Und wenn Sie wieder einmal Zeit haben, widmen Sie sich erneut Ihrer Meditation. Gehen Sie ihr so oft nach, wie es Ihnen gut tut.

Irgendwann werden Sie feststellen, daß Sie eine meditative

Haltung einnehmen, ob Sie nun meditieren oder nicht. Wenn Sie sich dann mit etwas Liebe dem Abwaschen widmen, wird sogar dieser sonst lästige Vorgang Sie etwas ruhig stimmen können. Sie werden merken: Das alles ist gar nicht schwer. Lassen Sie es einfach geschehen ... Zweifel an der neuen Sicht, wie Sie die Dinge nun erleben, werden verschwinden. Denn schon bald stellen Sie fest: Sie können es sehr gut. Diese Art zu meditieren, wird etwas sehr Vertrautes für Sie. Es ist kein besonderer Vorgang mehr, sondern Sie erleben es genauso natürlich, wie alles andere, was Sie tun. Und das, was Sie vorher gemacht haben, bekommt nun für Sie vielleicht hier und da noch etwas mehr Glanz als bisher — auch so banale Dinge wie Staubsaugen und Teppichklopfen.

Denken Sie bei Ihren alltäglichen Angelegenheiten daran, daß jede Arbeit, wie jedes Ding und jedes Lebewesen seinen Platz im Weltgefüge hat. Eins greift ins andere über. Jedes für sich ist wichtig, und alles ist eins.

Wenn Sie mit der Zeit feststellen, daß in kleinen Dingen sehr viel Schönheit und Leben stecken kann, dann werden Sie auch einen ganz unbefangenen Zugang zur Welt der Zahl finden. Betreiben Sie auch Ihre numerologischen Berechnungen mit einem entspannten und meditativen Gefühl. Erwecken Sie die Zahlen zum Leben. Lassen Sie sich von ihnen verzaubern. Und wenn Sie ab und zu mal an den Sinn der »1« denken, dann schenken Sie ihm etwas Dankbarkeit, wie er Sie mit allem, was Sie sehen, fühlen, schmecken, riechen oder hören, verbindet. Oft flüstert Ihnen ein Moment etwas zu, ein kleines Gefühl, das Ihnen etwas sagt. Seien Sie dafür aufmerksam, besonders dann, wenn Sie sich mit dem geheimnisvollen Wesen der Zahl beschäftigen.

Für manche ist es übrigens leichter, zufällig im Sessel zu sitzen und sich dabei ganz spontan in etwas zu vertiefen — in einen Satz, in ein Bild oder in irgend etwas, das gerade das Interesse weckt. Auch das ist Meditation. Man braucht sich nicht immer vorzunehmen: So, jetzt setze ich mich mal hin und will meditieren. Manchmal ist das andere viel besser und erlaubt einem viel leichter, auf den Gegenstand der Betrachtung oder des Hörens einzugehen. Wichtig ist einfach nur, sich ein wenig verzaubern zu lassen, wieder ein wenig zu werden wie die Kinder.

Eine andere Seite der »1« hat mit sonnenhaftem Wesen mit Zentrum und Stärke zu tun. Sie steht jedoch nicht im Widerspruch zu dem Gesichtspunkt, daß alles miteinander verbunden ist. Aus dem Gedanken von Einheit und Verbundenheit entsteht überhaupt erst richtige Stärke. Wie alle Planeten um die Sonne kreisen und ein einheitliches Sonnensystem bilden, ist das innere Zentrum eines jeden Menschen gleichzeitig seine Verbundenheit mit dem Ganzen. Indem er Gemeinschaft mit allem Bestehenden, mit dem ganzen Kosmos erfährt, erlebt er auch neue Kraft aus seinem Ich heraus. Es ist die natürliche Autorität einer Persönlichkeit, die in sich selbst (und gleichzeitig in allem) ruht.

Betrachtet man den Gedanken so, ist man in der Lage, viel Durchsetzungskraft zu entwickeln, die doch auch mit einem sehr hoch entwickelten Bewußtsein verknüpft ist. Daher ist es gut, sich das Prinzip von Zentrum und Einheit bewußtzumachen, wenn man sich der Sonnenstrahlen eines schönen Tages erfreut. Nehmen Sie in diesem Sinne die Schönheit der Sonne wahr und meditieren Sie ein wenig über ihren Anblick.

*Nach fernöstlicher Philosophie setzt sich der Kosmos aus Yin und Yang zusammen — aus negativer und positiver Ladung, aus Impuls und Leitung, aus Form und Inhalt. In jedem dieser Pole ist ein Stück und sein Gegenteil enthalten. So ist die ganze Welt — das Geteilte ist »2« und doch ein Ganzes.*

Vom »Sündenfall« war die Rede, von Unterscheidung und Einheit. Das Geteilte und Vielfältige ist die »2« — so wie eine Eizelle in der ersten Teilung sich zu differenzieren beginnt und sich hernach in eine vielfältig gegliederte Gestalt entwickelt. Man könnte nach dem bisher Gesagten denken, das Wesen der Unterscheidungsfähigkeit an sich sei »böse«, ja überhaupt die Welt der vielfältigen Erscheinungen und Formen beinhalte von vorn herein nur Leiden.

Doch dies ist eigentlich nicht der Fall. Erst aus Abgrenzung von mir und dem Gegenstand, den ich etwa sehe, unterliege ich der Illusion des Verstandes. Indem ich mich mit meinen Unterscheidungen und Wahrnehmungen identifiziere, werde ich zu ihrem Sklaven, unterliege ich der Isolation und entfremde mich vom Ganzen. Wissen, daß in jedem ein Stück das andere enthalten ist, im Geschauten der Betrachter und auch umgekehrt, befreit von der Instinktvergessenheit der modernen Welt. Nicht die Welt ist »schlecht«, sondern eher die Wahrnehmung, mit der unser Verstand sie meistens erfaßt.

Denn daß wir in einer Welt der Unterschiede und Gegensätzlichkeiten leben, macht seinerseits einen Sinn. Es geht darum, die Seele gleichsam an der harten Welt der Materie und Formen — mit ihren Unterscheidungen und Gegensätzen — wachsen zu lassen. Oder wie es einmal ausgedrückt wurde: Durch die höchstentwickelte Gattung dieser Erde, die wir Mensch nennen, nimmt sich die Schöpfung auf diesem Planeten selbst wahr. Sie will sich in jedem einzelnen verwirklichen, indem sie ihn durch Freud und Leid dazu führt, schließlich das Eigentliche zu sehen: Die Welt, wie sie wirklich ist. Ein Kosmos von Gegensätzen bei dem der eine Teil immer ein Stück das andere spiegelt mehr noch, es in sich trägt. Das bedeutet: Verstand, Wahrnehmung und Unterscheidungen haben ihren Platz und ihre Funktion. Nur gleichzeitig gilt es zu wissen, daß es noch eine Wirklichkeit

»dahinter« oder besser »darinnen« gibt, daß alles aufs engste miteinander zusammenhängt.

Das bedeutet auch: Gegensätzlichkeiten bilden im Grunde jeweils eine Einheit — so wie es im Bild von Yin und Yang ausgedrückt ist. Um diesen Gedanken noch etwas deutlicher zu machen, sei folgendes gesagt: Nord- und Südpol liegen einander gegenüber, sind insofern also Gegensätze. Dennoch gehören sie zu dem einen Globus, der in sich eine Einheit bildet. Er hat eine nördliche Halbkugel und eine südliche, mit zum Teil recht unterschiedlichen Bedingungen. Dennoch gehören beide — wie wir wissen — zusammen. Diese Überlegung läßt sich nun auf sehr viele Bereiche übertragen, zum Beispiel auf die Politik. Um diese Perspektive nur kurz anzudeuten: Sozialismus und Kapitalismus müssen gar nicht so unversöhnliche Unterschiede sein, wie es scheint. Zu wissen, daß beides auf irgendeiner Ebene zusammengehört — mehr noch: daß das eine ein Stück im anderen enthalten ist —, könnte diese Welt um einiges friedlicher machen.

Dabei kann es natürlich nicht darum gehen, Unterschiede, die wir als sehr wichtig und für unsere Lebensform bedeutsam ansehen, einfach zu verkleistern. Etwa nach dem Motto: Irgendwie ist das ja alles ein und dasselbe, also ist doch alles heiter und schön. Vielmehr sollte es so sein, daß man das, was einem näher ist, klar benennt, aber doch einmal ganz unbefangen unterstellt, daß beide Seiten auf ganz bestimmten Gebieten voneinander lernen könnten. Danach hat dann das eine und das andere im Weltganzen seine Stellung, seinen Platz und seine Funktion. Eins könnte in dieser Betrachtungsweise das andere anregen und zu seiner Weiterentwicklung beitragen. Die beiden Pole könnten in ein positives Spannungsverhältnis übergehen und sich gegenseitig bereichern. Natürlich — wird mancher sagen — hört sich das irgendwo nach einem schönen Traum an. Aber, wie traurig wäre doch unsere Welt, wenn wir nicht mehr träumen könnten und keine Aussicht bestünde, daß unsere Träume ein Stück wahr würden.

So weit, so gut. Aber, wieso eigentlich trifft die Behauptung zu, alles Bestehende sei jeweils zu einem Teil in seinem Gegensatz enthalten?

Nun, ein wenig wird mancher dies schon rein intuitiv verstehen, wenn er über den Sinn von Einheit und Eins meditiert. Es läßt sich darüber hinaus aber auch beispielhaft erklären.

Denn wie könnte etwa jemals ein Mann eine Frau verstehen, ja sie überhaupt begehren, wenn er nicht ein Stück auch das Weibliche in sich trüge? Woher erklärt sich das Verlangen, das ein Mann nach einer Frau und sie nach ihm hat, wenn nicht sinnfälligerweise dadurch, daß eine Erinnerung an die Ganzheit vorhanden wäre? Und wie ließe sich diese Erinnerungsspur besser begreifen, als dadurch, daß man zu einem gewissen Teil das jeweils andere in sich trägt? So bedeutet die Sehnsucht nach körperlicher Vereinigung nichts anderes als den Wunsch nach Vollständigkeit. Man spürt das Gegenteil in sich selbst und möchte mehr davon, indem Begierde nach dem anderen Körper und Wesen entsteht.

Illustriert wird diese Überlegung ferner durch die verschiedenen Ausdrucksformen von Homosexualität oder Travestie. Dies läßt sich ganz einfach verstehen. Der Wunsch, wieder ganz zu werden, geht hier einen anderen Weg: Mehr noch als beim heterosexuellen Mann oder bei der heterosexuellen Frau wird dort das andere Geschlecht, das eigene Gegenteil in sich selbst gespürt und erlebt. Und spätestens seit den analytischen Ergebnissen von C. G. Jung wissen wir, daß in jedem Menschen Anteile des jeweils anderen Geschlechts vorhanden sind und dort ihre sehr sinnvolle Funktion haben: »Anima«, die weibliche Seele im Mann, seine Fantasien und Träume von allem, was Frau ist, und »Animus«, der Schattengeliebte, das unterschwellig Männliche in der Frau — Urbilder des kollektiven Unbewußten.

Das wohl wichtigste Beispiel, wie alles, was besteht, jeweils im anderen enthalten ist, bildet der Gegensatz von Bewußtem und Unbewußtem.

Nehmen wir einen ganz einfachen Vorgang: Träume sind

Ausdrucksformen des Unbewußten. Wie jeder weiß, haben sie ihre eigene Sprache und Symbolik, und ihre Erlebniswelt ist von der des Wachzustandes unterschieden. Dennoch bleibt zu einem — wenn auch geringen — Teil das Bewußtsein eingeschaltet, wenn wir träumen. Denn anders könnten wir die Trauminhalte gar nicht wahrnehmen. Man würde sonst in einem teilnahmslosen Zustand daliegen, in dem man nicht in der Lage wäre, seine inneren Bilder zu registrieren — wie es etwa in den sogenannten Tiefschlafphasen passiert. Jedoch wissen wir nur zu gut, wie intensiv wir innerlich oft beteiligt sind, wenn wir träumen.

Vollends, wenn wir erwachen und uns an unsere Träume erinnern, werden sie bewußt, zumal dann, wenn wir uns mit ihnen auseinandersetzen und versuchen, sie irgendwie zu analysieren. Dennoch ist in diesem bewußten Zustand auch wieder ein Teil Unbewußtes anwesend. Zum Beispiel muß man wieder ein Stück träumen, um sich an Träume zu erinnern. Sie müssen noch einmal am inneren Auge vorbeiziehen, um der wachbewußten Wahrnehmung zugänglich zu sein. Das Prinzip der Durchmischung der inneren Pole setzt sich weiter fort: Man denke etwa an sogenannte Tagträume, in denen bewußte und unbewußte Vorgänge gleichzeitig ablaufen.

Schließlich gibt es noch ganz simple Beispiele aus dem Alltagsleben. So werden viele Handlungen kaum noch bewußt durchgeführt, da sie soweit eingeübt wurden, daß sie reflexartig ablaufen. Dennoch müssen sie von einem Teil bewußter Aufmerksamkeit begleitet werden. Denn was würde etwa bei einem Autofahrer passieren, der nur aus dem Reflex handeln würde? Ganz bestimmt gliche er in seiner Handlungsweise einem Schlafwandler und wäre mithin ein ziemlich großes Verkehrsrisiko.

Diese Gesichtspunkte haben für unsere Betrachtung nicht nur eine theoretische Bedeutung, sondern sind auch praktisch sehr interessant. Denn sehr eindrucksvoll läßt sich über den Sinn der »2« meditieren, wenn man sie als Wesensmerkmal der eigenen Psyche erlebt: die beiden Seiten des Seelischen — Bewußtes und Unbewußtes.

Machen Sie in dem Zusammenhang doch einmal ein kleines Experiment: Es gibt auch in Ihrer Alltagserfahrung viele Handlungsabläufe, die ganz unwillkürlich geschehen. Dabei wird eigentlich nicht überlegt, was man als nächstes tun will, sondern man macht es einfach, weil es entweder Routine ist oder weil man intuitiv weiß, daß gerade diese Handlung jetzt richtig sein müßte.

Versuchen Sie sich hierbei nun ein Stück zu beobachten, wie oft und in welchen Augenblicken Ihnen Dinge einfach so von der Hand gehen, ohne daß Sie weiter darüber nachdenken, und welche Dinge Sie wann ganz bewußt vornehmen. Bemühen Sie sich einmal, Vorgänge, die sonst mehr aus dem Reflex heraus passieren oder auf die man schon gar nicht mehr achtet, ganz bewußt zu tun. Machen Sie das jedoch nicht ununterbrochen, sondern werfen Sie nur ab und zu etwas Aufmerksamkeit darauf. Zwischendurch sollte wieder das routinemäßige Verhalten durchkommen, schon damit man nicht ermüdet.

Als nächstes kann man versuchen, Angelegenheiten, bei denen man sonst eher überlegen würde, ein wenig mehr aus dem Bauch heraus zu tun. Nehmen Sie sich dafür zunächst kleine Verrichtungen und Entscheidungen vor, bei denen nicht viel schiefgehen kann. Später werden Sie vielleicht mal vor der Lösung einer Aufgabe stehen, die normalerweise sehr viel bewußte Überlegung erfordern würde. Denken Sie dann eine Weile gezielt darüber nach. Machen Sie sich eventuell sogar Notizen. Doch anschließend sollten Sie über die Sache etwas träumen. Lassen Sie unvoreingenommen alle möglichen Gedanken kommen, die sich in dem Zusammenhang einstellen — auch die abwegigen und solche, die gar nicht dazu gehören. Es ist jetzt sogar gut, wenn Sie innerlich ein wenig abschweifen. Manche Menschen würden in solchen Momenten womöglich auch in die Gegend starren und etwas wegtreten, was gar nicht verkehrt ist. Denn in dem Moment läßt man das Unbewußte für sich arbeiten. Wichtig ist nur, immer noch ein bißchen da zu sein. Vor allem: Nehmen Sie zwischendurch doch mal wieder Ihre bewußten und gezielten Überlegungen auf.

Machen Sie eine harmonische Entwicklung von Konzentration, Entspannung und wieder Konzentration mit. Beachten Sie, daß man jeweils so lange in der einen oder anderen Phase bleiben sollte, wie es angenehm ist und einem gerade richtig erscheint. Man sollte auch daran denken, daß es bei dieser kleinen Übung wieder wichtig ist, nichts angestrengt zu wollen. Lassen Sie die Dinge einfach geschehen und vergessen Sie Ihren Willen — so wie Sie es schon aus Ihren Erfahrungen von den Meditationsformen über den Sinn der »1« her kennen.

Mit der Zeit werden Sie nun auch im Zusammenhang mit dem Wesen der Zweiheit zu interessanten Ergebnissen kommen. Gerade wurde die doppelte Natur unserer Psyche erörtert. Kleine Tagesmeditationen — wie beschrieben — werden sie uns aufschließen. Dabei werden Sie feststellen, daß sich mit der Zeit ein harmonisches Zusammenwirken von Bewußtsein und Unbewußtem ergeben wird.

Haben wir in dem Zusammenhang etwas über die zwei verschiedenen Anteile in uns selbst kennengelernt, so sollten Sie als nächstes das Wesen der »2« im Verhältnis zu Ihrer Außenwelt ergründen. Denn wie jeder von uns werden Sie in Situationen stehen, in denen man Meinungen und Gesichtspunkte an Sie heranzutragen versucht, gegen die man sich innerlich ein wenig sträubt. In einigen Fällen weiß man aber insgeheim, daß zumindest ein bißchen von dem, was andere meinen, nicht so ganz falsch sein kann.

In solchen Fällen wäre es gut, wenn Sie entweder im Sitzen oder im Stehen — je nachdem, wie es Ihnen am angenehmsten ist — versuchen, sich zu entspannen. Atmen Sie gut durch, rollen Sie mal etwas die Schultern, dann den Nacken, streichen Sie sich wohltuend übers Gesicht, und lassen Sie anschließend Ihre Arme ganz natürlich und locker heruntersinken. Stellen Sie sich nun bildlich die Zahl »2« vor. Halten Sie gedanklich kurz fest, wie Ihre eigenen Absichten und das, was die anderen von Ihnen wollen, zwei verschiedene Dinge sind. Fühlen Sie Ihre beiden Hände, spüren Sie Ihre beiden Füße, geben Sie Ihr Bewußtsein erst ins linke, dann ins rechte Bein. Spüren Sie die Wärme Ihres Körpers erst im linken, dann im rechten Arm, im linken Bein, dann im rechten Bein.

Machen Sie sich anschließend bewußt, daß Sie einen Körper haben. Erleben Sie, wie Energie und Wärme durch ihn hindurchströmen. Vergegenwärtigen Sie sich genauso, daß Sie mit dem Menschen, der eine andere Meinung vertritt als Sie selbst, zu einer Gemeinschaft, Gruppe oder Familie gehören. Gehen Sie davon aus, daß hier jedes Mitglied seine eigene Funktion hat und aufgrund dessen meist zu einer unterschiedlichen Auffassung von ganz bestimmten Dingen kommen muß.

Geben Sie dann wieder Gefühl und Bewußtsein in beide Hände. Es sind mit die wichtigsten Körperteile, die etwas mit Ihren Beziehungen zur Außenwelt zu tun haben. Denn wir geben anderen die Hand, ergreifen Dinge mit den Händen, streicheln mit ihnen Personen, die uns nahe sind, oder wir machen mit den Händen abwehrende Bewegungen. Versuchen Sie sich nun einmal vorzustellen, daß Ihre linke Hand sich gegenüber dem anderen Menschen öffnet, der etwas an Sie herantragen will, während von Ihrer rechten Hand Energie zu ihm hinströmt. Zwar wird er gerade nicht in Ihrer Nähe sein, aber auf unsichtbare Weise sind Sie vielleicht miteinander verbunden.

Fühlen Sie nun ein wenig Ruhe und Schwere in Ihren beiden Augenlidern. Sie sind wohlig entspannt. Und seien Sie danach aufmerksam für Ihre beiden Ohren. Seien Sie ganz gelöst, und hören Sie dann noch einmal innerlich ein paar der Sätze, die die betreffende Person gesagt hat. Nehmen Sie solche Äußerungen, gegen die Sie vergleichsweise wenig Abwehr empfunden haben. Lassen Sie die Aussage ein wenig zu und spüren Sie, wo eine innere Stimme in Ihnen vielleicht das gleiche meint. Spüren Sie nun, wie die andere Auffassung auch ein Teil von Ihnen ist. Bringen Sie das mit Ihrer übrigen Persönlichkeit in einen inneren

Dialog. Versuchen Sie herauszufinden, wie diese verschiedenen Anteile sich innerlich ergänzen könnten, inwiefern beide vielleicht gute Absichten verfolgen. Führen Sie ein nettes Zwiegespräch mit sich selbst. Und im Anschluß wird es Ihnen vielleicht gelingen, auch an den anderen Menschen innerlich ein paar Worte zu richten, die Verständnis zeigen, ohne daß eine Streitfrage dadurch gänzlich geklärt sein muß. Man wird hierbei aber ein wenig entspannt und nimmt fremde Gesichtspunkte etwas ruhiger auf, erkennt, daß sie sehr oft einen Teil auch des eigenen Denkens darstellen. Nach dieser Übung, die man übrigens auch zwischen seinen täglichen Verrichtungen — mal so ganz nebenbei — einschalten kann, sollte man unbedingt tief durchatmen, mit einem kräftigen Ruck die Arme strecken und sich dann ausgiebig räkeln. Reiben Sie sich auch wohlig die Augen und sorgen Sie allgemein wieder dafür, daß Sie ganz wach und klar sind.

Wenn man diese Meditationsform öfter durchführt, wird es einem mit der Zeit gelingen, Meinungen, die sehr stark von der eigenen abweichen, etwas besser zu verstehen. Und sogar nach einem Streit kann diese Vorgehensweise manche wertvolle Hilfe bieten, zu etwas mehr Verständnis und zu einem entspannteren Umgang miteinander führen.

Der Dialog ist dabei natürlich noch nicht abgeschlossen. Zunächst bleiben weiterhin zwei Standpunkte, die wahrscheinlich nach wie vor entgegengesetzt sind. Im nächsten Schritt, wenn es um das Wesen der »3« geht, wollen wir uns eine Möglichkeit zu eigen machen, neue Alternativen zu finden, die beide Seiten in der einen oder anderen Weise beinhalten. Abschließend zur »2« nur noch ein Gedanke: Da es sich hier um die Mondzahl handelt, sollten Sie Ihre Aufmerksamkeit für unseren Erdbegleiter ein wenig erhöhen. Betrachten Sie ihn abends etwas liebevoll und meditieren Sie bei seinem Anblick über all das, was Sie über das Wesen der »2« in Erfahrung gebracht haben. Lassen Sie sich nur nicht zu sehr von der Kraft der Illusion anziehen, die auch in ihm steckt. Wenn Sie jedoch Ihre kreativen Seiten erschließen wollen, wird Ihnen sein geheimnisvolles Wesen vielleicht gerade dazu etwas sagen.

## *Wie der Sinn der »3« uns ständig weiterbringt*

Der Sinn der Zahl »3« führt zu einer verblüffenden Einsicht: Die Welt besteht aus Gegensätzen, bei denen jeder Pol sein Gegenteil beinhaltet — gleichzeitig entsteht aus dem Spannungsverhältnis ständig etwas Neues. Durch Gegensätzlichkeit wird also Weiterentwicklung hervorgebracht. Wie Mann und Frau sich sexuell vereinen, um — letztlich irgendwann einmal — Kinder zur Welt zu bringen, die ihre Erbanlagen beinhalten, aber gleichzeitig eigenständige und neue Wesen sind, findet sich dieses Prinzip im ganzen Universum. Zum Beispiel erwachsen aus vorhandenen Möglichkeiten einer biologischen Gattung und veränderten Lebensbedingungen in der Natur Anpassungen, die zur natürlichen Auslese der Arten führen. Auf diese Weise ist die ganze Evolution (Entwicklung) vorangeschritten und hat aus einzelligen Lebewesen höchstentwickelte und komplizierte Lebensformen wie Säugetier und Mensch hervorgebracht. Stets lag ein Spannungsgefälle zugrunde, das zur Entwicklung von etwas Neuem führte.

Überall, wo etwas in Bewegung gerät und sich zu höheren Formen hinbewegt, bestehen zunächst Gegensatzpaare, die sich später berühren oder vereinigen, um wie — »Mutter und Vater« könnte man sagen — zur Geburt von etwas Neuem zu führen. Darin ist Lebendigkeit, Ausdehnung des Bisherigen und seine Weiterentwicklung enthalten. Dieser Gedanke von Entfaltung kommt kosmologisch darin zum Ausdruck, daß man das Wesen der »3« dem Planeten »Jupiter« und seinem antiken, mythologischen Hintergrund zuordnet. Jupiter vertritt als Vaterprinzip (gleichzeitig Wesen der Ausdehnung), die Elternschaft des bisherigen. Er ist der Impuls, der seinen Gegensatz anregt, um Entwicklung herbeizuführen.

Will man diese Situation allgemein ausdrücken, so bietet sich hierfür die alte philosophische Vorgehensweise der Griechen an, der Dreierschritt von These, Antithese, Synthese. Also: Eine Sache, Aussage oder Annahme, ihr Gegenteil und aus beidem etwas Neues, das beides Vorherige beinhaltet, aber doch gleichzeitig eine Weiterentwicklung von beidem darstellt.

Praktisch läßt sich dies sehr elegant umsetzen. Zum Beispiel haben Sie ein Problem, das mit einem inneren Widerspruch zu tun hat — das eine, was Sie wollen, das andere, was Sie müssen. So geht es vielleicht darum, daß man am Arbeitsplatz ständig die Leistung von Überstunden von Ihnen erwartet, die Sie nur sehr ungern erbringen, da Sie schließlich auch noch ein Privatleben haben.

Hier besteht der Spannungsgegensatz von Lust und Anforderung, der nun etwas Neues hervorbringen sollte. Beide Begriffe vereinigen ihren Sinn zum Beispiel in dem Gedanken an Motivation. Denn Anforderungen, die ich gern erbringe, sind mit Lust verbunden. Ich bin hierzu motiviert. Um zu diesem großen Schritt zu kommen, sind einige kleinere Schritte erforderlich. So muß ich mir zunächst den Sinn der Anforderungen klarmachen: Ein bestimmtes Arbeitspensum ist zu erledigen, das in der üblichen Zeit nicht bewältigt werden kann. Umgekehrt habe ich zu allzu vielen Überstunden keine Lust, weil sie mein Privatleben beeinträchtigen.

Sehr oft wird es so sein, daß man aber nicht umhin kommt, die geforderte Mehrleistung an Arbeitsstunden dennoch zu erbringen, da der Chef meist am längeren Hebel sitzen dürfte. In dem Sinne wäre es doch schon ein Vorteil, wenn man weniger Überstunden machen müßte. Und wenn man sehr kritisch mit sich umgeht, wird man vielleicht feststellen, daß man während seiner Arbeitszeit auch Leerlauf hat, den man mit mehr Energie für die anstehenden Arbeitsabläufe ausfüllen könnte. Denn wer verbummelt am Tage mal nicht die eine oder andere Stunde.

Andererseits benötigt man auch kleine Entspannungspausen, die ihren Sinn unter anderem darin haben, daß man seine Leistungskraft wieder aufbaut. Es wäre dann sicherlich gut herauszufinden, ob man zu bestimmten Tageszeiten besonders leistungskräftig ist und ob man über andere Zeitstrecken in der Regel gewisse Leistungsdefizite aufweist. Letztere sollten mehr für kleine Päuschen genutzt werden, während man in der übrigen Zeit mit vermehrtem Einsatz an seine Aufgaben herangehen könnte, um weniger Überstunden leisten zu müssen.

Wenn man — sicherlich berechtigt — zwischendurch kleine Atempausen einschaltet, ist es bestimmt nicht uninteressant, womit man sie verbringt. So bringt ein Wortwechsel mit Kollegen vielleicht nicht unbedingt das gewünschte Ergebnis, weil die zur Zeit allesamt recht gestreßt sind. In einem Buch zu lesen würde bei Vorgesetzten wahrscheinlich nicht besonders gut ankommen. Aber es wird irgend etwas geben, was einen für die nächsten Stunden, in denen man wieder richtig die Ärmel aufkrempelt, genügend Kraft gibt. Dies muß man nach Temperament und Umständen für sich selbst ganz individuell herausfinden. Wichtig ist für die Motivation am Arbeitsplatz oftmals die Frage, wie man sich die Umgebung dort gestaltet. Ein wenig leuchtendes Grün, das sich von den langweiligen Büropflanzen abhebt, kann manchmal schon eine erstaunliche Gemütsveränderung bei der Arbeit bewirken. Und auch die stupide Bebilderung der Arbeitsplatzumgebung läßt sich oft in Absprache mit Kollegen und Vorgesetzten sehr gut auflockern. Wichtig ist es dann eigentlich, ein Stück Eigenes, etwas von einem selbst in der Umgebung wiederzuerkennen. Schließlich wird es im Zusammenhang mit der Motivation nicht unwichtig sein, wenn man den Chef — wenn nötig — gelegentlich mal freundlich, aber doch überzeugend darauf hinweist, daß die Überstunden, die man erbringt, etwas mehr Anerkennung finden könnten. Über ein Lob freut sich schließlich jeder.

Zum Schluß kommt ein sehr wichtiger Schritt, den man nicht vergessen sollte: Das, was von der ursprünglichen Sache geblieben ist, die man nicht wollte, ist innerlich umzudeuten. Also wenn nach rationellerer Arbeitseinteilung — unter anderem aufgrund angenehmerer Arbeitsumstände —immer noch einige Überstunden zu leisten sind, so sollte man nach einem Vorteil suchen, der für einen selbst in diesen Überstunden liegt. Denn eventuell sind abends nicht mehr so viel Leute im Büro, das Telefon klingelt nicht laufend, es ist allgemein wahrscheinlich weniger hektisch. Also kann man sich jetzt viel mehr in Ruhe seiner Arbeit widmen. Das sollte man dann auch richtig genießen — einmal richtig durchatmen, innerlich lächeln, kurz sich irgendwie darüber freuen, daß man abends doch auch mehr Ruhe hat.

Eventuell kann es lohnend sein, sich für diese Zeit auch Aufgaben vorzunehmen, an denen man ein wenig tüfteln will, die einen innerlich besonders befriedigen, oder bei denen man sich durch etwas Einfallsreichtum auch ein Stück profilieren könnte.

Was hier an einem Beispiel aus der Arbeitswelt recht ausführlich geschildert wurde, läßt sich im Grunde auf alle Lebensbereiche übertragen. Am Anfang steht der Dreierschritt: Etwas, das einem (mehr) gefällt, etwas, das man nicht (oder weniger) will, das sich aber dennoch oft nicht vermeiden läßt, danach die Suche nach etwas Neuem, das beide Seiten einigermaßen gut abdeckt. Man versuche möglichst grundlegende Begriffe hierfür zu suchen, die sich gegenüberstellen lassen und die sich dafür eignen, mit einem weiteren, die Gegensätze vereinigenden Begriff zu verbinden.

Im nächsten Schritt betrachtet man Funktion, Aufgabe und Wesen der beiden Spannungspole, das was eigentlich dahintersteckt. Dann muß man sich überlegen, wie sich dieser Sinn auf etwas andere Weise erfüllen läßt, damit man das Dritte erreicht, was man nun anstrebt. Und zwar macht man sich am besten auf einem großen Zettel eine Übersicht, wie genau die einzelnen Schritte vorzunehmen sind, die hierhinführen.

Wichtig für den Abschluß ist es, die Seite in dem Neuen, Dritten, das man gefunden hat, die einem immer noch nicht oder nicht so sehr behagt, innerlich umzudeuten. Denn in jeder Weiterentwicklung aus Spannungsgegensätzen wird auch immer ein Anteil enthalten sein, den man zunächst weniger gern annehmen wird. Das Neue, das andere, ist ja das Produkt — oder wie man sagen könnte — Kind beider vorhergehenden Gesichtspunkte, ist also auch aus dem entstanden, was einem beispielsweise Schwierigkeiten bereitet hat. Daher der wichtige Abschluß: Das, was als Anteil des Unerwünschten immer noch geblieben ist, für sich innerlich ein Stück umdeuten — ihm eine neue Bedeutung geben. So entsteht insgesamt eine Weiterentwicklung, wie sie oft sehr eindrucksvoll das Wesen der »3« widerspiegelt.

Stellt sich dieses Resultat ein, sollte man auch darüber meditieren, wie sich die eigenen Möglichkeiten erweitern — wie vielleicht aber auch das Klima der Gruppe, der man angehört, positives Wachstum für alle bringt. Dies ist der Sinn des Jupiterhaften, Ausdruck schöpferischer Fantasie.

Um die Vorgehensweise noch einmal ganz deutlich zu machen, sei hier ein weiteres Beispiel angeschlossen. So soll es ja Menschen geben, die sich etwas schwer damit tun, einem Partner so immer ganz treu zu bleiben. Hier hieße der Dreierschritt eventuell: Fremdgehen — Treubleiben — (in vernünftigen Grenzen) Flirten.

Nun wird nicht für jeden, der Gelüste hat, fremdzugehen, in einem Flirt schon das überraschende Dritte liegen — ganz einfach, weil vielen das so noch nicht genügt. Doch wenn man sich beispielsweise überlegt, wie genau man Sinn und Zweck sowohl des Fremdgehens als auch des Treubleibens auf kreative Weise gerecht werden könnte, kommt Bewegung in die Sache. Dann erkennt man in Treue auch Geborgenheit, die bei einem Flirt, bei dem man nicht zu sehr über die Stränge schlägt und den Partner damit verletzt, stabil bleiben könnte. Im Fremdgehen erkennt man den Wunsch, lediglich mal zu spüren, daß man auch noch woanders ankommt. Und wer jetzt danach sucht, wie er im einzelnen Schritt seine Partnerschaft im Zusammenleben etwas interessanter gestalten könnte, erfährt vielleicht, daß im Flirt oft ein Ventil liegt, das in der Tat doch schon ausreicht. Schließlich noch das Umdeuten: Treue auf Gegenseitigkeit bedeutet für jeden ja auch Beständigkeit im Leben, eine gewisse Sicherheit, die in anderen Lebensbereichen zu Erfolg und Leistungskraft verhilft. Wenn man sich dessen so recht bewußt geworden ist, sollte man das entsprechende Gefühl in einem stillen Moment unbedingt genießen. Dazu gehört auch das Erleben der größer gewordenen Möglichkeiten, der neuen Horizonte, die im Neuen, im Dritten liegen.

Es gibt eine kleine Übung, um das Wesen der »3« meditativ noch weiter zu durchdringen. Finden Sie dabei möglichst viele Gegensatzpaare, die entweder mit Ihrem Leben zu tun haben oder die in einem allgemeinen Zusammenhang stehen. Machen Sie eine Liste davon und fügen Sie jeweils einen vereinigenden dritten Begriff hinzu. Ergänzen Sie Ihre Liste immer wieder mal in einem ruhigen Augenblick, und gehen Sie entspannt Ihren Gedanken nach. Zur Anregung seien einige Beispiele genannt:

— Schlemmen — Diät — FdH.
— Rauchen — nicht rauchen — auf Zigarillo umsteigen
— Geld ausgeben — sparen — unnötige Ausgaben vermeiden
— Laster — Moral — erwachsenes Handeln
— Freundschaft — Feindschaft — Verstehen
— Liebe — Enttäuschung — Weisheit
— Ehrlichkeit — Lüge — »Informationspolitik« durch Weglassen
— Gegeneinander — Miteinander — »Konfliktpartnerschaft«
— Zusammenarbeit — Verweigerung — begrenzte Kooperation
— Reichtum — Armut — etwas Wohlstand
— Krieg — Frieden — Wettkampf
— Rüstung — Abrüstung — »vertrauensbildende Maßnahmen«

Indem Sie durch Meditation über solche Dreierschritte Spannungspole gedanklich etwas auffangen, tragen Sie auch ein Stück Versöhnung in die Welt. Lassen Sie eine entsprechende

Haltung in Ihre Worte und in Ihr Verhalten fließen. Dann werden Sie dem Sinn der »3« in bester Weise gerecht.

### Von der »4« bis zur »6«

Sie werden es schon gemerkt haben: Die Meditationen der Zahlen von »1« bis »3« ergeben sich in logischer gedanklicher Folge. Die »1« bringt die »2« hervor, und aus dem Sinn der »1« und der »2« ergibt sich die »3«. Eine Stufe höher vollzieht sich dasselbe in den Zahlen von »4« bis »6«.

Gehen wir zunächst also dem Sinn der »4« etwas nach. Es ist die Zahl, die die Koordinaten unseres Lebens festlegt: Länge, Breite, Höhe und (als vierte Dimension) die Zeit. Im Schnittpunkt dieser Bezugsgrößen ergibt sich jeweils unser genauer und individueller Standpunkt. Symbolisiert wird die »4« daher auch durch das Kreuz.

Will man ein Gefühl für das Wesen dieser Zahl bekommen, sollte man sich etwas mit den vier Himmelsrichtungen beschäftigen, die ihrerseits ein Kreuz bilden. So erwirbt man einen Sinn für diese Dinge, wenn man in seiner häuslichen Umgebung einmal feststellt, wo Norden, Süden, Osten, Westen eigentlich liegen. Machen Sie sich dann auch zwischendurch bei Ihren Bewegungen und Handlungen die Himmelsrichtungen immer wieder mal bewußt. Dazu wird Ihnen ein kleiner Kompaß gute Dienste leisten, nach dessen Nadelausschlag Sie sich einmal ganz grundsätzlich merken, wo die entsprechenden Himmelsrichtungen, etwa in Ihrer Wohnung, zu finden sind. Es ist kein Zufall, daß indianische Stämme den Rauch einer Friedenspfeife früher in alle vier Himmelsrichtungen geblasen haben. Norden, Süden, Osten, Westen symbolisierten hier wiederum das Eine, insofern ist die »4« auch eine Wiederholung der »1« auf höherer Stufe. Setzen Sie sich — in Anlehnung an das indianische Ritual — nun jeden Abend in eine andere Himmelsrichtung, und werden Sie sich nacheinander Ihrer Arme und Beine bewußt, die zusammen ein Ausdruck der Vierheit in Ihrem Körper sind. Spüren Sie etwas Wärme und Schwere in Ihren Armen und Beinen. Geben Sie all Ihre Liebe und Wärme, die Sie in sich tragen, sodann in die Himmelsrichtung, der Sie sich gerade zugewandt haben. Spüren Sie ein wenig Ruhe und Frieden in sich, und holen Sie sich dann wieder aus dem Meditationszustand zurück, wie Sie es in den vorhergehenden Kapiteln kennengelernt haben. Schließen Sie nach vier Abenden den Meditationszyklus über die »4« ab, lassen Sie seine Erfahrungen in sich ruhen, und nehmen Sie ihn bei Gelegenheit wieder auf, wenn Sie durch irgend etwas an den Sinn der »4« erinnert werden, er sozusagen für Sie in der Luft liegt. Gehen Sie den Zyklus dann wieder an vier Abenden symbolisch durch.

Sie werden das Erleben der »4« noch vertiefen, wenn Sie später einmal Ihren Kompaß im Schlafzimmer aufstellen. Stellen Sie dort fest, wo sich Norden und Süden befinden. Legen Sie sich sodann in Nord-Süd-Richtung hin — mit dem Kopf nach Norden, mit den Beinen nach Süden, die Arme werden in Ost-West-Richtung ausgestreckt.

Erleben Sie nacheinander, wie Ihre Hände, Ihre Arme, Ihre Schultern, Ihr Kopf auf dem Bett liegen, dann Ihren ganzen Rücken, anschließend Ihre Oberschenkel, Ihre Waden, Ihre Füße, erst auf der einen Seite, dann auf der anderen. Spüren Sie die Wärme Ihrer Glieder und ihre natürliche Schwere. Diese wird Sie ein wenig tiefer in die Kissen ziehen und Sie erleben so etwas wie eine vertraute Bettschwere.

Richten Sie Ihre Aufmerksamkeit nun auf den Kopf. Es wird sich Ihnen von dort ein Gefühl für den Magnetismus von der nördlichen Erdhalbkugel mitteilen. Es kann sein, daß Sie dies beispielsweise als blauen Lichteindruck vor Ihrem inneren Auge wahrnehmen oder als ein ganz feines Körpergefühl. Wenn Sie diese Energie etwas deutlicher spüren, lassen Sie es zu, daß sie nach und nach durch Ihren ganzen Körper strömt.

Nun gehen wir zur Fußseite: Spüren Sie auch hier den speziellen Magnetismus, der vom Süden kommt. Nehmen Sie auch hierbei wahr, wie er sich Ihnen mitteilt. Da man den Süden gedanklich meist mit Sonne verbindet, könnte es sein, daß Sie innerlich etwa einen goldglänzenden Schein von den Beinen her in Ihrem Körper aufsteigen erleben. Oder Sie haben wieder ein ganz bestimmtes Gefühl, das jetzt von den Füßen her kommt und sich allmählich im Körper nach oben fortpflanzt. Lassen Sie es zu, daß diese unterschiedlichen Energien in Ihrem Körper hin- und herströmen, ihn durchpulsen und sich allmählich mehr und mehr durchmischen. Sie haben dabei auch die Chance, daß Sie an Hals, Wirbelsäule und Füßen ein intensives Gefühl einer Art elektrischen Aufladung erleben.

Wenden Sie nun Ihre Aufmerksamkeit der nach Osten gerichteten Hand zu. Sie steht für Sonnenaufgang und symbolisiert — da sich die Erde in Ost/West-Richtung bewegt — Tradition, das Alte, das, worauf man aufbaut. Spüren Sie dieser Kraft nach, und nehmen Sie ihre Erfahrung in Ihren Körper auf. Anschließend werden Sie Ihre Aufmerksamkeit in die nach Westen gerichtete Hand legen. Es ist die Entwicklungsrichtung auf das Neue, auf Fortschritt, auf ein Stück Befreiung, die Sie ideell für die Menschheit erträumen. Spüren Sie der Bewegungsrichtung der Erde in Ihrem Körper nach, und entwickeln Sie ein Gespür für das ganze Achsenkreuz, in dem Ihr Körper auf dem Bett liegt. Es steht zum einen für den Raum (als Symbolik der Erdkugel) und hat auch Beziehung zur Zeit (im Sinne von Sonnenauf- und -untergang, Hinweis auf den Tageslauf). Damit sind Ihre ganzen Lebensbedingungen in Raum und Zeit ausgedrückt. Sie meditieren damit über Leben in seiner materiellen Erscheinungsform schlechthin — das Gebundensein an einen vergänglichen Körper: insofern das Kreuz der Welt tragen. Sehen Sie darin ein Stück Nachfolge Christi, und gehen Sie Ihren Gedanken nach, was dies für Sie bedeuten könnte.

Spüren Sie dabei auch der Gnade nach, die sich im Sinn der »5« andeutet, im Geheimnis der nächstfolgenden Zahl.

Zum Christussymbol — dem kollektiven Urbild, das mit dem historischen Christus sehr wahrscheinlich in Zusammenhang zu bringen ist — gehört der Gesichtspunkt, daß das schöpferische Prinzip im Menschensohn einerseits den Weg des Sterblichen geht, den Bedingungen von Raum und Zeit unterworfen ist, andererseits erhöht es die menschliche Existenz, indem es ihr Bewußtsein gibt. Damit kommt der Gesichtspunkt von Gnade zum Ausdruck, der dann eintritt, wenn der Mensch sich seiner kosmischen Herkunft bewußt wird, die Schöpfung in sich spürt.

Wie im Schnittpunkt des Kreuzes der »4«, Symbol der vier Dimensionen, ein Zentrum ausgedrückt wird, liegt der Sinn der »5« im Mittelpunkt des Kreuzes. Es ist der Ursprung, das was vor Raum und Zeit ist, in Anfang und Ende. Das Ungeformte, das Namenlose, das was sich nicht aussprechen und benennen läßt, ist im Nullpunkt angelegt, dem Schnittpunkt der Geraden. Es ist die schöpferische Kraft, die aus der Leere tritt, das einigende Prinzip, das die Atome zusammenhält, die Planeten um die Sonne kreisen läßt und die Erdanziehung bewirkt — die eine Kraft, die hinter allen Energieformen steht. In moderner Sprache könnte man es mit der von Einstein gesuchten »einheitlichen Feldtheorie« beschreiben, der Annahme, daß allen Naturkräften ein gemeinsames Prinzip zugrunde liegt. Es ist der alles durchdringende Logos (Verstand oder Sinn), der sich in jedem winzigsten Teil der Schöpfung ausdrückt.

Somit kann eine sehr sinnvolle Form der Meditation über das Wesen der »5« sein, dieser einheitlichen Kraft in sich selbst nachzugehen und ihre Anwesenheit in allem zu spüren, was einen umgibt. Viele Situationen des Alltags bieten sich dafür an, diesen Gedanken aufzunehmen und weiterzuverfolgen.

Im Wesen der »5« liegt, so verstanden, ein kleiner Hinweis darauf, was in einem sinnbildlichen Verständnis mit dem christlichen Begriff der Allgegenwärtigkeit Gottes gemeint sein könnte. Blickt man auf antike Vorstellungen, so wird andererseits klar, warum die Zahl »5« mit dem Merkurprinzip in Verbindung gebracht wird. Merkur oder der griechische Hermes (als Götterbote) ist das Prinzip des Logos, ist der »Botenstoff« der Welt, der sich in allem ausdrückt und alles durchdringt.

Zwar spricht die antike Mythologie im Zusammenhang mit Merkur etwa auch vom »Gott der Kaufleute, der Künstler und Diebe«, jedoch muß man das merkurische Prinzip hier eigentlich in einem ursprünglicheren und umfassenderen Sinne verstehen. Denn später wurde es wohl erst quasi zum Patron dieser gesellschaftlichen »Berufe« gemacht, da es als das Botenhafte auch mit vielfältigen Verbindungen und Kontakten in gedankliche Verbindung gebracht wurde, die zum Beispiel für Kaufleute wichtig sein können.

Gleichnishaft könnte man christliche Auffassungen dagegen etwa so verstehen: die Schöpfung, der Kosmos, das All, erlangt im Menschen eine Stufe, in der sich das Ganze selbst wahrnimmt — gleichsam betrachtet, erforscht und erfragt (»Baum der Erkenntnis«). Damit wird im Menschen ein Stück Ureinheit mit dem ganzen Kosmos aufgegeben (Abkehr vom »Baum des Lebens«). So wird sich Energie oder Materie im Menschen auch des Sterblichen — oder besser des Zyklischen — des Übergangs von einem Stadiums ins andere bewußt (»von Staub zu Staub«). Dies ist das »Kreuz der Welt«, für das Christus als Symbol von Situation und Ziel des Menschlichen überhaupt steht: gleichzeitig Mensch, also sterblich, und gleichzeitig Ausdruck der ganzen Schöpfung, insofern göttlich, also unsterblich. Christus als der zu erreichende Ewigkeitsmensch, in dessen Nachfolge wir stehen, wenn wir die Bedingungen von Raum und Zeit auf uns nehmen, uns gleichzeitig aber der Gnade einer umfassenderen Wirklichkeit bewußt sind. Wir können sie vielleicht in etwa erahnen, wenn wir uns der »einen Kraft« bewußt sind, die in allen physikalischen Kräften enthalten ist.

An dieser Stelle mag vielleicht der Einwand erscheinen, die Betrachtung sei zu sehr auf den Menschen ausgerichtet — es könnte ja auch andere intelligente Lebewesen in der Unendlichkeit des Alls geben, was, wissenschaftlich gesehen, sogar wahrscheinlich ist. Dazu läßt sich sagen, daß diese Überlegung den Gedankengang grundsätzlich nicht einschränkt, im Gedanken an Christus sei auch die doppelte Natur des Menschlichen erfahrbar. Denn wie schon auf unserem Globus je nach Kulturkreis verschiedene Ausdrucksformen des Göttlichen verehrt werden, die sich in einer großen Erscheinung unter den Sterblichen symbolisiert (etwa Buddha oder Christus), wäre dies gleichermaßen für andere intelligente Lebensformen im Universum denkbar.

Bleiben wir jedoch bei unserem Bezugssystem: der ideelle Mensch — Christus, Symbol des Ewigen im Vergänglichen — läßt uns an Gnade und Hoffnung teilhaben. Hierbei spielt auch der Gedanke an eine allem zugrunde liegende Kraft eine Rolle. Betrachten wir sie aus antiker Sicht, dürfte sie mit dem merkurischen Prinzip zu tun haben, das sie in allem erkennbar macht.

Dabei wird inzwischen der philosophische Standpunkt klargeworden sein, daß es letztlich ganz unerheblich ist, ob man eine geistige Kraft hinter allen Dingen vermutet oder Wandlungsformen der Energie bzw. Materie. Denn was ist Geist letztlich anderes als eine Form von Energie? Und was ist auch Materie aus physikalischer Sicht anderes als verdichtete Form von Energie? Der scheinbare Widerspruch beider Betrachtungsweisen hebt sich vor diesem Hintergrund auf. Aus dem Gegensatz ergibt sich etwas Neues, das auf höherer Ebene im Grunde eine Einheit bildet.

Weit haben wir uns bis zu diesem Punkt von ganz einfachen Anschauungen über Psyche, Leben und Zahl entfernt. Das ist übrigens kaum ein Zufall. Denn je weiter wir die Zahlen von der Ureinheit in der »1« nach oben verfolgen, desto mehr geht ihr Sinn wieder im Unendlichen auf.

Haben wir den Sinn der »4« als Ausdruck der vier Dimensionen kennengelernt, denen das Leben unter den Bedingungen von Raum und Zeit unterworfen ist, so steht die »5« für die grundlegende Kraft, die diese Dimensionen als Gravitation (Schwerkraft), als Magnetismus oder auch als jene Energie durchdringt, die die Atome zusammenhält. Gleichzeitig ist die »5« Ausdruck für eine möglicherweise vorhandene 5. Dimension, der insbesondere Spekulationen im Zusammenhang mit der Parapsychologie zugrunde liegen.

Denn seit Einstein wissen wir, daß sich unter Bedingungen von Raum und Zeit nichts schneller als mit Lichtgeschwindigkeit fortbewegen kann. Parapsychologische Phänomene wie Telepathie (Gedankenübertragung) oder Hellsehen — allesamt in Laboruntersuchungen gut erforscht — scheinen aber Information mit Überlichtgeschwindigkeit zu transportieren. Das heißt: Im gleichen Zeitpunkt, zu dem etwas geschieht, erreicht die Information davon bereits den Empfänger — Wahrnehmungsformen jenseits von Raum und Zeit. So ist es wahrscheinlich kein Zufall, wenn in diesem Zusammenhang eine »fünfte Dimension« vermutet wird. Man darf indes annehmen, daß dies eine Wirklichkeit ist, die mit dem Urgrund der Dinge zusammenhängt, jenem Schnittpunkt im Kreuz »4«, der auf den Zustand vor dem kosmischen »Urknall« hindeutet: Anfang und Ende der Zeit, Kreuzungspunkt im Unendlichen …

Und so gehört es auch zur Meditation über den Sinn der »5«, gedanklich dem Ursprung alles Bestehenden nachzugehen. Man versenke sich in sich selbst: Begebe sich gleichsam in die Tiefe des eigenen Körpers, dringe in die Weisheit seiner Zellen und lasse sich Offenbarung aus Molekülen und Atomen zukommen, aus denen er sich zusammensetzt — eine Reise in die »fünfte Dimension«, die jeder — wenn es für ihn soweit ist — in einer Art innerem Panorama erleben kann. Irgendwann ist der Zeitpunkt gekommen, und die Reise beginnt von selbst, in einer Art Tagtraum oder auch in gedanklichen Spekulationen. Doch bevor es dazu kommt, wird vieles vom Sinn der »5« rätselhaft verschlossen bleiben. Man warte und bereite sich innerlich vor. Dies wird am besten durch eine gelassene Neugier auf das Wunder innerer Einsicht geschehen, bei der etwas Respekt vor den Rätseln der Schöpfung nicht fehlen sollte.

In vielen kleinen Einsichten und schönen Erlebnissen wird eine allem zugrundeliegende Kraft einerseits jedem Menschen offenbar, der sich ehrlich in seinem Glauben öffnet. Das bedeutet andererseits: Glaube ist Offenheit für die Wunder des Lebens. Dieser Gedanke liegt im Grunde auch im Wort Religion beinhaltet (religio = Bindung an das Ewige). Das heißt, Glaube ist — wie man ihn auch gestaltet — nichts Einfältiges, sondern hat unter anderem mit innerer Verbindung mit dem ganzen Kosmos zu tun.

Aus dem Sinn der »4« und dem Wesen der »5«, also aus dem Bewußtsein der Bedingungen von Raum und Zeit und einer in allem sich wiederfindenden Kraft als Hinweis auf die Ursprungsgeschichte des Universums, ergibt sich die »kosmische Hochzeit«, jene Vereinigung mit dem Ganzen, die sich symbolisch in der Liebe vollzieht. Sexus ist diese Vereinigung, die das von dem Ganzen entfremdete Wesen wieder zu »innerer Heimat«, Urvertrauen und Geborgenheit »im Schoß der Welt« hinführen sollte.

Dazu verleihen weder aneinandergereihte Orgasmen noch ständig neue sinnliche Eindrücke die Fähigkeit. Vielmehr unterstützt all das den tieferen Sinn der »6«, die venushaft das Wesen der Liebe begleitet, was den Menschen in seinem sexuellen Miteinander wieder ein Stück heiler macht — ihn innerlich gleichsam zu neuer Ganzheit zusammensetzt. Da hiermit beinhaltet ist, gemeinsam etwas Glück zu erleben, werden andererseits auch befriedigende Orgasmen dazugehören. Es sollte aber erst in zweiter Linie um Genuß gehen. Im Vordergrund steht vom Sinn der »6« her eigentlich das Geben (das meist allerdings ziemlich automatisch zu eigenem Genuß führt).

Sexuelle Erregung wird dann eigentlich zu einem unsagbar geheimnisvollen Vibrieren des Körpers in seiner kosmischen Realität. Und so ist es auch ein Stück Meditation, etwa im Stöhnen heißer Liebesnächte das ganze Leben mitschwingen zu hören, sich in Gleichklang mit dem Atmen der Welt zu bringen. Wenn man im Orgasmus dann Liebe zum geliebten Menschen und zur ganzen Welt empfindet, verbinden sich Leidenschaft und meditatives Empfinden zu etwas sehr Umfassendem und Schönem. Man versuche daher möglichst positive Gedanken in seinen sexuellen Höhepunkt hineinzubringen. Es kann jedoch nicht Sinn der Sache sein, den Orgasmus sozusagen vom Partner losgelöst, vergeistigt oder »abgehoben« zu erleben. Vielmehr wird in dem einen Moment der geliebte Mensch zum Ausdruck für das ganze Leben. In ihm schwingt das All, und zusammen mit einem selbst ist er Abbild des ewigen göttlichen Paares, aus der indischen Mythologie als Shiva und Shakti bekannt. Sie sind beide mehr als zwei Menschen — Sinnbild der ursprünglichen Einheit.

Diese Einheit kann man übrigens auch etwas nachempfinden, wenn man dem Partner in einem ruhevollen Augenblick gegenübersitzt und sich dabei in seinen Anblick und in seine Gegenwart vertieft — in etwa so, wie wir es von der Meditation über den Sinn der »1« her kennen, doch irgendwie noch mehr zufällig und wie nebenbei. Eine meditative Haltung, die sich von selbst ergibt und sich dabei mit natürlicher Fröhlichkeit oder aufrichtigem Ernst in der menschlichen Situation verbindet.

Urtypische Symbole der Liebe sind die vereinigten Dreiecke, die gemeinsam ein Sechseck bilden. Dabei steht das nach oben gerichtete Dreieck etwa im indischen Tantra Yoga für das männliche Glied und das nach unten gerichtete Dreieck für die Scheide der Frau. Gleichzeitig sind hiermit zwei zugrundeliegende Urenergien ausgedrückt: das Impulsgebende und das Empfangende.

In der »kosmischen Hochzeit« wird das »verlorene« Paradies wiedergefunden, das Sechseck, dessen Eckpunkte auf die zweimal 60 Grad des Tierkreises hinweisen. Es symbolisiert insofern auch das ganze Himmelsrund, die Verbundenheit mit dem ganzen All. Der Sinn der »6« hat in diesem Sinne auch etwas mit einem Teil Höherentwicklung der Sexualität zu tun. Das Sauriererbe im Menschen soll überwunden werden, damit der »ganze Mensch« Natur und Kultur zu einer liebenden ökologischen Einstellung allem Lebenden gegenüber vereinigt.

Bedeutet sinnvoll verstandene Sexualität, sich auch ein Stück aufzugeben — der »kleine Tod«, wie man im arabischen Kulturkreis sagt —, im anderen zu einem Teil aufzugehen, so wird dieser Gedanke im Wesen der »7« fortgeführt. Hier geht es um die größere Geborgenheit in Gruppe und Gemeinschaft. Das Wesen dieser Zahl heißt, als einzelner ein Stück über die Grenzen der eigenen Persönlichkeit hinauszuwachsen, ein wenig kollektiver zu werden, im Wesen des gemeinschaftlichen Menschheits- und Naturschicksals aufzugehen. Darin muß aber nicht beinhaltet sein, daß das Individuelle in religiösen oder philosophischen Dimensionen keinen Platz hätte. Das einzelne Wesen ist vor der Schöpfung vielmehr nicht zur Unscheinbarkeit verdammt. Es ist ein Teil von ihr und hat damit am Göttlichen Anteil.

Der Gedanke der »7« sagt andererseits aber aus, daß eine größere und umfassendere Geborgenheit eben darin liegt, über Züge und Merkmale des Ewigen und Ganzen zu meditieren, seine Botschaft in sich aufzunehmen und sich neptunisch mit dem Ozean des kollektiven (gemeinschaftlichen) Unbewußten zu verbinden. Als Leser könnten Sie zum Beispiel mit anderen in gemeinsamer Meditation über das Wesen der Zahl träumen — in Gesprächen ihr Wesen für sich gemeinsam ergründen. Dabei wird es auch darauf ankommen, irgendwo das Ego ein wenig zu überwinden und in den feierlichen Moment des Gemeinschaftserlebens hineinzugehen — so wie es auch bei einem Gottesdienst geschehen kann.

Als Unendlichkeitszahl haben wir die »8« inzwischen kennengelernt, in die das Wesen der »7« einmündet. Was Zugang zu einem gemeinschaftlichen Geist gefunden hat, ist reif für den Sinn der nun folgenden Zahl. Und auch wenn die Entwicklung noch nicht bis zu diesem Punkt gelangt ist, fordert das Saturnische der »8« durch Prüfungen und Herausforderungen des Lebens zur Besinnung heraus. Über ihr Wesen zu meditieren heißt folglich, aufgeschlossen für ihre Aussage zu werden. Es geht darum, in Mißlichkeiten, die einem begegnen, auch eine Chance zu erkennen. Begrenzungen, Verzichtleistungen freiwilliger und unfreiwilliger Art, Entsagungen und Entbehrungen führen — wenn sie bewußt getragen und auf sich genommen werden — dazu, negatives Karma abzutragen, innere Schuldgefühle auszugleichen und am Widerstand zu wachsen.

Sicher wird vieles Leid nicht geringer, wenn man es aus dieser Sicht wahrnimmt. Und oft hat es etwas fast Zynisches an sich, wenn menschliche Not mit negativem Karma erklärt wird. Aber dennoch wird es vielfach etwas leichter, auch vergleichsweise weniger glückliche Schicksalstendenzen zu tragen, wenn man in ihnen Sinn erkennt. Auf jeden Fall gilt dies für schicksalhafte Prüfungen, bei denen man nach und nach doch in irgendeiner Weise in der Lage ist, zu einer — wie auch immer — befriedigenden Lösung zu gelangen. So liegt es im Sinn der »8«, sich den Dingen zu stellen, auch aus einer unangenehmen Situation oder persönlichen Einschränkungen etwas zu machen. Dagegen kann es nicht der Natur der Dinge gerecht werden, Leid und Entbehrung als schicksalsgegeben hinzunehmen, nicht mehr um Besserung oder Veränderung der Lage bemüht zu sein. In der Hinsicht sollte man sich gelegentlich auch mit versteckten Schuldgefühlen auseinandersetzen, die manchem Menschen schon manchen Knüppel zwischen die Beine geworfen haben. Auf merkwürdige Weise stellte es sich im Leben dann immer so ein, daß er nicht auf die Füße kommen konnte. Sich selbst von einer längst abgetragenen Schuld freizusprechen oder ein letztes — in vollem Bewußtsein und aufrichtiger Haltung geleistetes — Opfer zu bringen, kann insofern auch wesentlich den Sinn der »8« erfüllen.

Darüber hinaus will das Wesen der Zahl uns vor jedem Machttrip warnen. Die menschlichen Spiele um Macht, Ruhm und Geld stellen die Vermessenheit des Endlichen dar, sich als unendlich zu begreifen. Es erwachsen daraus Machtmißbrauch, Gewissenlosigkeit und rücksichtslose Ellenbogenmentalität. Besonders die Menschen, die einen Weg der Einweihung gehen, werden irgendwann einen beträchtlichen Zuwachs ihrer inneren Möglichkeiten erfahren. Sie nehmen in vielen Fällen auch an gesellschaftlichem Einfluß zu, besonders dann, wenn ihnen geistige Führerschaft zuwächst und wenn sie Anhänger ihrer Einsichten oder Lehren um sich sammeln. Haben sie dann nicht ein Stück Selbstaufgabe im Sinne der »7« und in weiterer Konsequenz im Sinne der »8« gelernt, geben sie sich vielmehr den Verführungen von Mammon und Macht hin, werden sie zum Typus des falschen Propheten, der in der Johannesoffenbarung beschrieben wird. So ist es auch nicht unproblematisch, wenn bestimmte Gurus der Neuzeit geradezu mehr darauf bedacht zu sein scheinen, gewaltige Finanzimperien zusammenzutragen, als tiefe geistige Impulse in die Gesellschaft zu bringen.

Damit soll nicht gesagt sein, daß Menschen, die sich spirituellen Dingen öffnen, grundsätzlich materielle Entsagung zu üben hätten. Auch gibt es etwa Persönlichkeiten der Wirtschaft, die sich gleichzeitig durch hohe geistige Einstellungen ausweisen. Es soll hier nicht die Auffassung vertreten werden, religiöse Organisationen dürften von vornherein nicht über größere materielle Mittel verfügen. Dennoch erwartet man, daß die Relation noch gewahrt wird. Es erweckt zumindest gewisse Zweifel, wenn sich bestimmte Sektenführer mit zuviel Pomp und Glitzer umgeben.

So wird es zur Meditation über das Wesen der »8« gehören, sich auch die vielen Negativbilder vor Augen zu halten, damit man selbst weiß, welchen Weg man zu gehen hat. Die Stelle im Neuen Testament, die von dem Versuch Satans in der Wüste spricht, Jesus zu verführen, ist letztlich eine sinnbildartige Warnung für jeden Menschen, der sich spirituell entwickelt, nicht den Versuchungen der Macht und egoistischer Nutzung geistiger Möglichkeiten zu erliegen. Umgekehrt bedeutet die Aufforderung der »8« auch, sich aktiv für die Kontrolle von Macht, für Liberalität und Wahrung demokratischer Traditionen und Werte einzusetzen — jeder an seinem Platz. Man sinne insoferne darüber nach, wie man in seiner Umgebung einem freiheitlichen und humanen Geist zu gedeihlichem Einfluß verhelfen kann, wo Kontrolle über sich selbst erforderlich ist und wo man mit anderen ein freundschaftliches oder auch deutliches Wort zu reden hat, wenn persönlicher Einfluß mißbraucht wird — je nach den Möglichkeiten, die einem aus der eigenen Stellung zu Gebote stehen, um solchen Tendenzen entgegenzuwirken.

Wer den tieferen Sinn der »8« versteht und auf das eigene Leben anzuwenden lernt, wird eine der wichtigsten Prüfungen in seiner geistigen Entwicklung bewältigen. Es geht um das Wesen jener Unendlichkeitszahl, deren zugrundeliegendes Prinzip allem Individuellen und damit Endlichen seine Grenzen setzt, damit es in seiner Stellung und an seinem Platz in der Lage ist, im Zusammenspiel mit anderem eine sinnvolle Funktion im Weltganzen zu erfüllen. So müssen die Ansprüche des Endlichen vor dem Sinn des Unendlichen zum Stillstand kommen, das durch die »8« als Symbol der Spirale ausgedrückt wird — insofern ein Hinweis auf unendlich Kleines, im Sinne der DNS/RNS-Spirale, Erbinformation alles Lebenden, in jeder kleinsten Zelle von Organismen enthalten, und Hinweis auf unendlich Großes, wie es durch die Spiralnebel der Galaxien versinnbildlicht wird.

Geboren aus der kollektiven Bedeutung der »7« und dem Sinn von Grenzenlosigkeit des Alls im Wesen der »8«, entsteht das Prinzip der »9«. Wie die Rangfolge dieser Zahl innerhalb der einstelligen und damit grundlegenden Zahlen auf Höchstes hindeutet, beinhaltet sie die gesamte Entwicklung bis zu dieser symbolischen Bedeutung, die nun in die Vollendung der »10« einmünden soll. Ehe die neue Vereinigung mit dem ganzen Kosmos auf höherer Ebene stattfinden kann, ist jedoch ein letzter wichtiger Entwicklungsschritt zu vollziehen. Die »1«, die hier noch von wiedergefundener paradiesischer Einheit auf nun bewußterer Stufe in der »10« trennt, kann eine entscheidende Hürde vor Abschluß des ganzen Zyklus sein, dessen Sinn mit dem Lebensschicksal eines jeden einzelnen und mit dem der ganzen Menschheit zusammenfällt. Als Marssymbolik wird die »9« oft rein in einem kriegerischen Sinne mißverstanden. Beachtet man, daß hinter jedem Konflikt der einzelne Wille steht, der mit einem anderen aneinandergerät, versteht man, daß es bei der Bewältigung der Aufgabenstellung aus der »9« um den Willen schlechthin geht. Es ist der Durchsetzungsimpuls, jedes Streben, das sogar in »guten Absichten« bestehen kann. Immer stellt es sich aber als Einzel- oder Gruppeninteresse dar. Bestenfalls wäre es der Wille der Menschheit, wenn man davon sprechen kann.

Es zeigt sich aber, daß selbst gut gemeinte Vorstellungen, die einzelne oder Gemeinschaften etwa im Sinne der Umweltpolitik in dieser oder jener Hinsicht entwickeln, teilweise recht unökologisch sein können. Dabei soll hier unter Ökologie ein auf das Ganze ausgerichtetes Handeln und Denken verstanden werden. So betreiben Agrar- und Entwicklungspolitiker in bester Absicht oft Strategien, durch die sich eine Situation sogar verschlechtern kann. Es liegt daran, daß wir selbst mit den ausgeklügeltsten mathematischen Methoden und hochentwickelten Computern nicht immer all die vielfältig zusammenwirkenden Einflüsse erfassen und vorhersehen können, die bei bestimmten Entscheidungen oder Planungen zu berücksichtigen wären.

Immer, wenn fehlentschieden wird, ist es so, daß zu absichtsvoll gehandelt wurde. Der Mensch will Lebensbedingungen gestalten, die im Grunde aber nur aus dem Zusammenspiel des Ganzen zu sinnvollen Entwicklungen führen würden. Das heißt, Absicht soll vor dem Sinn des Ganzen einhalten und ihn erst verstehen lernen. Dazu gehört es ein Stück absichtslos zu werden. Das bedeutet, auf empfangende Weise aktiv zu sein, geöffnet sein für die Dinge, sich von seinen ganzen Vorstellungen, Ansprüchen und Gedanken einen Moment zu befreien. Denn nur ein leeres Gefäß kann neuen Inhalt aufnehmen. Wenn man zu dieser Haltung kommt, werden sich die richtigen Entwicklungen wie von selbst anbieten. Man muß sich dann nur noch verantwortungsvoll entscheiden.

So wie die »9« unter den einstelligen Grundzahlen den höchsten Status innehat, ist das entsprechende meditative Ziel hoch angesetzt. Wirklich absichtslos zu werden, wird denn auch nur wenigen Meistern des Zen-Buddhismus gelingen, die gelernt haben, ganz leer zu werden, in der Meditation einfach nur noch dazusitzen, nichts mehr zu denken und nichts mehr zu wollen. Für unsere Belange im Alltag sollte es genügen, Positives in sich selbst einfach mehr geschehen zu lassen und deshalb ein Stück weniger zu wollen. Man merkt oft: Je weniger man sich vornimmt und sich von hohen Ansprüchen leiten läßt, je schlichter man innerlich eigentlich wird, desto besser gelingen Dinge oft.

Man kann sogar beobachten, daß dies in ganz persönlichen Dingen vorteilhaft sein kann. Dann stellen sich Entwicklungen, die man sich immer irgendwie gewünscht hat, eher wie von selbst ein. Dabei braucht man im Grunde nur mit der Weisheit des Unbewußten mitzugehen, sich von ihr führen und leiten zu lassen. Man wird dann »aus dem Bauch« heraus Dinge tun, die auf der Höhe der Zeit sind und in einem umfassenden Sinne mit dem Ganzen zusammenpassen, von seiner Welle getragen werden. Diesen Gedanken gehe man in ruhigen Momenten einmal nach.

Wenn man diese letzte Auflösung ins Umfassende einigermaßen schafft, wird man sehen, wie sich der Einzelwille mit dem »Willen des Ganzen« vereinigt. Damit wird dann der eigentliche Sinn der »9« erfüllt, der ihr eine lichte und überragende Natur verleiht. Jetzt ist sie nicht mehr marsisch aggressiv, sondern ist einfaches Tun, Handeln, das sich als Impuls in ein größeres Ganzes einfügt.

Die »9« hat nun eine Bedeutung, die wie Pfeiler und Bögen eines gotischen Domes kathedralenhaft nach oben gerichtet ist. Und wie diese Architektur himmelstrebend in natürlicher Linienführung alle Blicke des Betrachters im höchsten Punkt des Bauwerks zusammenführt, wird man sich in richtig verstandener Absichtslosigkeit sinnhaft leiten lassen. Dann beinhaltet die »9« irgendwann auch ein Stück innerer Unverwundbarkeit, da sie auf das Unteilbare hinweist. Heinrich E. Benedikt schreibt zum Beispiel in »Kabbala 1«:

»Tatsächlich ergibt die Multiplikation der Neun mit irgendeiner anderen Zahl stets wieder Zahlen, die sich auf 9 reduzieren:

$$1 \times 9 = 9$$
$$2 \times 9 = 18 = 9\,(1 + 8)$$
$$3 \times 9 = 27 = 9\,(2 + 7)$$
$$7 \times 9 = 63 = 9\,(6 + 3)$$

Womit immer wir die Neun also multiplizieren oder potenzieren, sie bleibt in ihrer Substanz stets erhalten.« Wie die »9« innerhalb der einfachen Bausteine des Lebens (ausgedrückt durch die Grundzahlen von 1 bis 9) das Höchste darstellt, weist ihr Sinn auf etwas hin, was unser geistiges Fassungsvermögen eigentlich schon recht strapaziert: Es ist die neue Verbundenheit mit dem ganzen Kosmos — ein universelles Bewußtsein —, was gleichzeitig mit Verstand und Unterscheidungsfähigkeit im Sinne der »2« (Wesen der Unterscheidung und Vielfältigkeit) einhergeht. Urvertrauen und Geborgenheit in der Zusammengehörigkeit mit dem ganzen Kosmos sind jetzt mit Vernunft und Verstand verbunden. Instinkt und Logos bilden eine Einheit. Dies ist das Wesen der »10«. Zehn Finger hat der Mensch an einer Hand, und so stellt genau dieser Wert eine Zahl dar, die wir auf Anhieb noch einigermaßen überschauen können. Daher ist die Einheit mit dem Ganzen und das gleichzeitige Vorhandensein unterscheidungsfähigen Geistes etwas, das als diesseitig erreichbares Ideal immerhin begriffen werden kann: Sozusagen Ziel der Entwicklung der Arten.

Es bedeutet ökologisch verstandene Harmonie mit der ganzen Erde und mit dem ganzen Kosmos. Darin eingebettet, hat auch der menschliche Verstand seinen Platz, wenn er seine Ansprüche selbst zu begrenzen weiß. Es ist absichtsloses Handeln aus verantwortlicher Einstellung. So widersprüchlich dies zunächst erscheint, bedeutet es nicht mehr, als sich seiner Stellung und Funktion als menschliches Wesen bewußt zu werden und dann aus unbewußter Führung und Leitung das zu tun und zu lassen, was dem großen Getriebe gerecht wird. Darin ist der einzelne dann nicht namenlos, sondern geborgen.

Benedikt schreibt: »Die Zehn schließt nun die Reihe der Zahlen ab. Aus der Eins geboren, führt sie zur Eins zurück, jedoch auf höherer Stufe.« Und er führt weiter aus: »Zehn ist die im ersten Saatwort (1) ausgestreute Potenz (0) Gottes. Die Null, obwohl für sich ohne jede existenzielle Erscheinung oder Form, verleiht der Eins hier ihre Kraft. Hinter der Eins stehend symbolisiert sie die unendliche Machtfülle des Verborgenen (Gottes), die sich nun in der Zehn manifestiert. Ihr Symbol ist der Kreis mit dem Punkt. Er verkörpert die entfaltete Schöpfung, zentriert in ihrem Ursprung.«

Dabei ist das Universum — und auch dieser Planet als Teil des Ganzen — in sich schon vollkommen. Der Mensch braucht es nicht erst vollkommen zu machen. Vielmehr bedeutet der Auftrag der »10«, sich als Gattung und auch als einzelner nicht gar so wichtig zu nehmen. Wer also die Fähigkeit entwickelt, nur ein wenig vor der Vollkommenheit der Schöpfung zu staunen und ihre verborgenen Wirklichkeiten zu ahnen, ohne an ihren letzten Rätseln aus Machtgelüsten oder vordergründiger Neugier rühren zu wollen, trägt etwas vom Geist der »10« in die Gesellschaft herein. Über ihren Sinn zu meditieren heißt daher auch, den Zauber der Schöpfung wahrzunehmen, so wie er sich im Anblick des Mondes spiegelt, im Lied eines Vogels oder im Grün der Bäume. Dies als etwas Schönes und Kostbares in sich zu bewahren, wird dazu führen, als in manchem Moment glücklicherer Mensch etwas davon in die Umgebung abzustrahlen.

Während die »10« noch anschaulich und begreifbar ist, weist der Sinn der »11« eigentlich auf Jenseitiges und Ewiges hin. Sie ergibt sich aus der Verbindung von Anfang (im Wesen der »1«) und Ende oder Vollendung (im Wesen der »10«). Es geht hier um die Natur des Unsichtbaren und Verborgenen. Hierüber zu meditieren bedeutet, sich dessen bewußt zu sein, daß auch die Dinge ihre Gültigkeit haben, die man nicht begreifen kann — alles, was über unsere fünf Sinne hinausgeht: parapsychologische Phänomene, religiöse Ergriffenheit, in gewissem Sinne Heiliges und Transzendentes. Dies in natürlicher Weise in sein Weltbild einzuordnen, ohne zum romantisierenden Spintisierer zu werden, heißt die eigene innere Entwicklung auf höhere Ziele einzustimmen, die über dieses Leben im Grunde hinausgehen und die persönliche Existenz in einen noch viel größeren Zusammenhang stellen. Für solche Dinge selbst kritikfähig offen zu sein, bedeutet, daß man im besten Sinne etwas hiervon in seine Umgebung hineintragen wird. Das beinhaltet auch, daß die Dimensionen unseres Zusammenlebens etwas umfassender und vollständiger werden.

So geht der Auftrag der »11« schließlich in den Sinn der »12« über. Diese Zahl wird von Benedikt als Symbol für das »kosmische Jerusalem« bezeichnet und ist insofern vollends Ausdruck von etwas Jenseitigem. Es ist die »ideelle heilige Stadt«, die übrigens auch in Darstellungen des tantrischen Buddhismus erscheint. Gemeint ist damit offensichtlich die tiefere Heimat alles Lebendigen in einer Daseinsebene, in der die Dinge ihren formlosen Ursprung haben — weder etwas sind, noch etwas nicht sind, in Worte und Begriffe nicht zu fassen, jenseits von allem, was beschreibbar ist. Man lasse den Sinn dieser Gedanken in sich aufgehen, erfühle ihn, und irgendwann wird er sich in einem stillen Moment andeutungsweise mitteilen. Worte mögen es allenfalls umschreiben. Denn es entspricht dem Wesen der Stille — das, was selbst unbewegt ist und doch alles bewegt. Wer den ganzen Tierkreis mit seinen zwölf Sternzeichen in einem Moment verstehen könnte, hätte eine Ahnung von dem Ganzen und Umfassenden, was in diesem Sinn enthalten ist. Schließen wir mit diesen Gedanken.

# Literatur

Heinrich E. Benedikt
Die Kabbala als jüdisch-christlicher Einweihungsweg,
Farbe, Zahl, Ton und Wort als Tore zu Seele und Geist,
Verlag Hermann Bauer, Freiburg i. Br., 1985

Cheiro
Das Buch der Zahlen,
Hermann Bauer Verlag, Freiburg i. Br., 1981

Franz Carl Endres, Annemarie Schimmel
Das Mysterium der Zahl,
Zahlensymbolik im Kulturvergleich,
Eugen Diederichs Verlag, Köln, 1984

Hermann Kissener
Lebenszahlen,
Die Logik von Buchstabe, Zahl und Zeit,
Drei Eichen Verlag AG, München + Engelberg/Schweiz, 1983

Jules Silver
Numerologie.
Ihre Glückszahlen,
Eine Kabbala des 20. Jahrhunderts,
Ariston Verlag, Genf 1976

Joachim Winckelmann
Tarot der Eingeweihten,
Verlag Richard Schikowski, Berlin 1954

# Register

# Magie und Mythos

Renommierte Sachbuchautoren entschlüsseln geheimnisvolle Verbindungen zwischen Vergangenheit, Gegenwart und Zukunft

Wilhelm Heyne Verlag
München

# Lebensenergie

Wege zum eigenen Selbst: Besser und zufriedener leben

Richard Gordon
**Deine heilenden Hände**
08/9172

Richard Hittleman
**Yoga**
08/4546

Liz Hodgkinson
**Die Alexander-Technik**
08/9400

Susan Perry/Jim Dawson
**Chronobiologie**
08/9423

Erling Peterson
**Das Yoga Übungsbuch**
08/9299

Eva Shaw
**Das 60-Sekunden SHIATSU**
08/9443

Satya Singh
**Das Kundalini-Yoga-Handbuch**
08/9342

Wilhelm Heyne Verlag
München